예쁜 것 만들기
좋아하는 분께

페이퍼 플라워를
추천합니다

이예솔 지음

아름다운 꽃,

내 손으로 직접 피우는 기쁨을 느껴보세요.

예쁜 것을 좋아하고
손으로 뭔가 만드는 걸 좋아하는 나에게
아름다운 꽃을 오리고 접고 붙여서 만드는
즐거움을 선물해보세요.

"이게 정말 종이로 만든 거예요?"라고
누구나 놀라게 되는 나의 새로운 취미,
페이퍼 플라워 만들기.

지금 한 송이씩 시작합니다.

Prologue

제가 아직 페이퍼 플라워 수업을 시작하기 전이던 어느 날,
한 여성분이 꼭 배우고 싶다며 이것저것 질문을 주셨어요.
그분께 물었습니다.

"이거 '그냥' 종이로 만드는 건데… 왜 배우고 싶으세요?"
"음, 예뻐서요."

그분의 한 마디가
제가 이 작업을 지금까지 계속하는 이유를 가장 잘 담고 있는 것 같아요.
저 스스로도 이 꽃들을 '그냥' 만드는 게 아니었음을 깨닫는 계기가 되었죠.

수술 한 가닥, 꽃잎 한 장…
정성 어린 손 작업으로 천천히 시간을 보내면서
마음과 생각이 정돈되는 걸 느껴보세요.
그 예쁜 꽃을 내 손으로 직접 피워보는 시간으로 인해
내 하루가 좀 더 예뻐지는 느낌이 들 거예요. 제가 그랬던 것처럼요.

저도 페이퍼 플라워를 시작할 때 특별히 누군가에게 배운 건 아니었어요.
어릴 적부터 이것저것 손으로 만들기를 좋아했는데
그러다가 내가 사랑하는 꽃들을 직접 만들면 얼마나 좋을까 하는 생각이 들었어요.
그때부터 무작정 생화를 관찰하면서 여러 가지 재료로 만들어보기 시작했지요.
그리고 수많은 시행착오를 거쳐,
꽃의 색과 질감을 자연스럽게 표현할 수 있는 주름지를 이용한
지금의 페이퍼 플라워를 만들게 되었답니다.

저처럼 혼자서 페이퍼 플라워를 만들어보려는 분들께
저의 작은 노하우들이 도움이 되기를 기대합니다.

시작하기 전에 알아두세요.
- 본문(PART1~4)에서 꽃을 소개할 때 나오는 도안 그림은 이해를 돕기 위한 것으로, 실제 사이즈가 아닙니다. 실제로 꽃을 만들 때는 '[부록] 실물 도안'을 참고해 종이를 재단해주세요.
- 도안에 사용된 기호의 의미는 '실물 도안 이렇게 사용하세요(194쪽)'에 설명해두었습니다.
- 목차에 ▶ 표시가 있는 꽃들에는 튜토리얼 영상이 달려 있습니다. 글로 이해하기 어려운 부분이 있다면 영상을 참고해보세요. 꽃을 만드는 방법들은 비슷한 부분이 많으므로, 작업을 시작하기 전에 영상을 먼저 둘러보는 것도 좋습니다. (영상 보러 가기: blog.naver.com/jabang2017)

Contents

BASIC CLASS
재료와 도구	14
주름지가 좋은 이유	16
꽃을 만드는 순서	17
페이퍼 플라워 기본기 4가지	18
자주 겪는 문제들 미리 보기	22

PART1. NATURAL FLOWER
▶ 겹겹이 피어난 **다알리아**	28
동글동글 **골든볼**	34
곡선을 살려 **목련**	38
꽃잎을 쌓아 **라넌큘러스**	44
꽃잎 끝이 춤추는 **리시안셔스**	50
어디에나 어울리는 **레몬잎**	56
심플하게 **올리브잎**	60
SPECIAL CLASS 1. 플라워 디퓨저 스틱	64

PART2. LUCKY FLOWER
작은 꽃을 모아 **부바르디아**	70
꽃의 기본 **데이지**	76
▶ 종이를 비틀어 **튤립**	80
▶ 너풀너풀 **아이리스**	88
수술이 화려한 **작약**	94

큰 꽃을 원할 때 **해바라기**	100
줄기에 잎이 달린 **유칼립투스**	106
SPECIAL CLASS 2. 유칼립투스 삼각 리스	110

PART3. SEASONAL FLOWER

명암을 넣어서 **벚꽃**	116
재단 스트레스 없는 **장미**	120
너풀거리는 **카네이션**	124
▶ 정성을 담아 **국화**	130
▶ 한 줄에 나란히 **프리지아**	136
꽃잎을 끼워서 **코스모스**	142
SPECIAL CLASS 3. 카네이션 브로치	148

PART4. LOVELY FLOWER

입체감을 살려 **스위트피**	154
작은 꽃을 풍성하게 **히아신스**	160
원하는 대로 디자인하는 **개망초**	166
층층이 쌓아서 **거베라**	172
모일수록 예쁜 **수국**	178
꽃잎을 젖혀 **레인보우 마르셀라**	184
SPECIAL CLASS 4. 꽃다발 만들기	188
부록 실물 도안	193

BASIC CLASS

재료와 도구

페이퍼 플라워는 준비물에 대한 부담이 없어요.
주름지와 몇 가지 도구가 전부니까요. 가벼운 마음으로 바로 시작해보세요.

꼭 필요한 것들 6가지

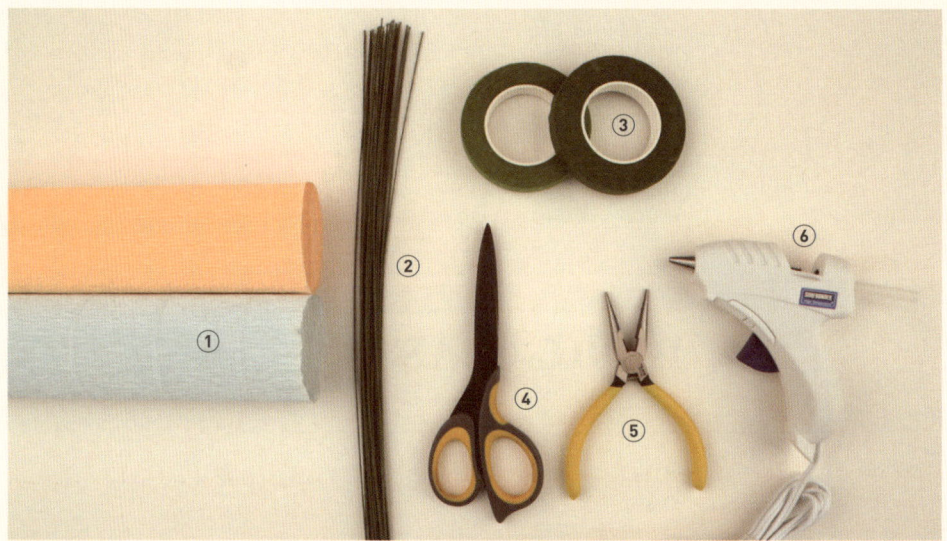

1. 주름지

이름 그대로 종이 표면에 '주름이 잡혀 있는 종이'입니다. 꽃 포장에 자주 사용되어 '포장지'로 분류되어 왔지만, 주름을 펴는 정도에 따라 형태가 변하고 일반 종이에 비해 잘 찢어지지 않아서 요즘은 공예 재료로 많이 활용되고 있죠. 주름의 특성을 이용해 생화처럼 자연스러운 페이퍼 플라워를 만들 수 있어요. 1롤(50x250cm)에 2~3천 원 정도로 아주 저렴합니다. 일반 문구점에서 쉽게 구할 수 있지만 다양한 색상이 없는 경우가 많아서 저는 주로 온라인으로 구입하는 편이에요.

주름지에는 보통 5cm 정도 간격으로 미세한 가로줄이 표시되어 있는데요. 이 표시가 너무 잘 보이면 가짜 꽃처럼 보일 수 있어요. 그래서 같은 색상이라면 조금이라도 이 표시 줄이 진하지 않은 것을 고르는 편이 좋습니다(물론 오프라인에서 직접 종이를 보고 구입할 수 있는 경우의 이야기입니다).

2. 철사

대체로 두 종류의 철사를 사용할 건데요. 굵은 철사(0.75mm)는 줄기 부분을 만들 때, 가는 철사(0.5mm)는 가는 줄기나 잎맥을 표현할 때 활용합니다. 페이퍼 플라워는 생화를 모티브로 하기 때문에 생화의 줄기나 잎맥이 굵다면 굵은 철사를, 얇다면 가는 철사를 선택합니다. 재료가 별로 없을 때는 한 가지 굵기만으로 만들어도 괜찮아요. 책에서는 녹색 종이로 감싸여 있는 '꽃 철사'를 사용했지만, 만드는 과정에서 어차피 그 위에 플로럴 테이프나 주름지로 철사 부분을 감싸주기 때문에 어떤 철사를 사용해도 괜찮습니다.

3. 플로럴 테이프

철사에 감아 줄기를 만들 때 사용합니다. 진한 녹색과 연두색이 대표적인데, 원하는 색상으로 선택하세요. 문구점이나 꽃집에서도 구입할 수 있습니다.

4. 가위

꽤 오랫동안 가위질을 하는 경우도 있기 때문에 손에 무리가 가지 않도록 너무 크거나 무거운 것은 피합니다. 미세한 작업이 많으므로 가윗날이 뾰족하고 날렵해야 작업이 수월해요.

5. 롱노우즈

주로 철사를 구부리거나 자를 때 사용합니다. 너무 저가인 경우 절단하는 부분의 합이 안 맞거나 날이 날렵하지 않을 수 있으니 잘 살펴보세요.

6. 글루건

한 손에 잡기 수월한 소형 글루건이 좋습니다. 브랜드마다 가격 차이가 크지만 저렴한 제품도 무리 없이 사용할 수 있습니다. 다만 고가의 글루건일수록 적당한 온도로 조절해주는 기능이 있거나 가열 속도가 빠르다는 장점이 있어요. 제가 사용한 하얀 글루건은 아마존(Amazon)에서 온라인으로 구입했어요. 글루건에 넣을 '글루 스틱'도 함께 준비해주세요.

글루건 외에도 종이를 붙일 수 있는 접착제라면 작업이 가능합니다. 다만 글루건에 비해 건조 시간이 길기 때문에 작업 시간이 더 걸릴 수 있어요.

그 밖의 도구들

7. 마커

주름지에 살짝씩 채색해서 원하는 색상이나 명암을 표현할 수 있어요. 색연필, 파스텔 등을 써도 되지만, 마커는 건조가 빠르고 색이 다양하기 때문에 선호하는 편이에요.

8. 피니시 스프레이

보통은 그림을 완성한 뒤에 뿌리는 스프레이인데요. 주름지는 염색해서 만드는 종이이기 때문에 시간이 많이 지나거나 햇빛에 노출되면 변색될 가능성이 있어요. 완성 후에 피니시 스프레이를 뿌려주면 처음의 모습을 더 오래 유지할 수 있답니다. 하지만 변색을 완전히 막을 수는 없으니 참고하세요.

9. 송곳

꽃잎에 구멍을 낼 때 사용합니다. 꼭 송곳이 아니어도 구멍을 뚫을 수 있는 뾰족한 것이라면 무엇이든 쓸 수 있어요.

10. 우드 스틱

주름지로 만든 꽃잎과 잎에 풍성한 곡선을 표현하고 싶을 때 사용합니다. 손으로 구부릴 때보다 훨씬 더 강한 곡선을 만들 수 있어요. 우드 스틱이 없다면 가위 등 부분으로 곡선을 만들어도 됩니다.

주름지가 좋은 이유

주름지는 일반 종이와 성질이 많이 달라요.
어떤 종이인지, 왜 주름지로 만든 페이퍼 플라워가 예쁜지 알려드릴게요.

1. 주름을 펴서 곡선을 표현할 수 있어요
주름지는 좌우로 잡아당기면 손이 닿은 부분만 주름이 펴져요. 주름을 펼 때 둥근 곡선 모양으로 펴면 그 형태가 그대로 유지되고요. 그래서 꽃을 만들 때 부드러운 굴곡을 자유자재로 표현할 수 있는 종이랍니다.
다만, 주름 방향과 90도 방향으로 잡아당길 때만 주름이 펴져서 도안을 자를 때도 표시되어 있는 주름의 방향에 맞게 자르고 있는지 꼭 확인해야 해요.

2. 강한 햇빛을 받으면 색이 변해요
주름지는 염색을 해서 만드는 종이라서 햇빛을 받으면 변색이 됩니다. 그래서 그늘지고 서늘한 곳에 보관하는 것이 좋아요. 저는 살짝 바랜 색이 자연스럽고 예뻐 보여서 일부러 창가에 주름지를 내놓기도 해요.

3. 생각보다 잘 찢어지지 않아요
처음엔 찢어질까 봐 종이를 잡아당기기가 조심스러울 수도 있어요. 하지만 생각보다 질긴 종이니까 안심해도 됩니다.

4. 다양한 컬러가 있어요
원하는 색을 골라서 구입할 수 있습니다. 하지만 만들고 싶은 꽃에 딱 맞는 색이 없을 수도 있어요. 그럴 땐 마커, 색연필, 파스텔 등으로 채색해서 사용하세요.

5. 드라이 플라워 느낌이 나요
생화를 말리면 꽃잎에 자글자글 주름이 생기죠. 주름지는 빳빳한 종이가 아니라 자연스럽게 주름이 잡혀 있는 종이이기 때문에 꽃을 만들면 드라이 플라워처럼 빈티지함이 잘 살아납니다.

꽃을 만드는 순서

꽃은 생김새가 화려하고 복잡해서 '이걸 내가 만들 수 있을까?' 하는 생각이 가장 먼저 들 거예요. 하지만 꽃의 몇 가지 구조만 이해하면 누구나 쉽게 만들 수 있답니다.

1. 꽃 관찰하기
무작정 만들기 시작하지 말고, 반드시 꽃의 생김새를 충분히 관찰하는 시간을 갖길 권해요. 우리가 만들려고 하는 것은 상상 속의 어떤 것이 아니라 '꽃'입니다. 생화라는 모델이 있어요. '내가 만들려는 꽃은 꽃잎이 이렇게 생겼구나', '줄기와 잎은 이렇게 연결되어 있구나' 하는 식으로 잘 살펴보세요. 생화 사진을 인터넷에 찾아보는 것도 좋은 방법입니다.

2. 꽃 만들기
일반적으로 꽃은 수술, 꽃잎, 꽃받침, 줄기, 잎으로 이루어져 있어요. 만드는 순서대로 꽃의 구조를 소개합니다. 꽃에 따라 수술이나 꽃받침, 잎을 만드는 과정을 생략하는 경우도 있어요.

수술
가장 안쪽에 숨어 있는 것부터 만들기 시작합니다.

꽃잎
수술을 가운데에 두고 주변을 꽃잎으로 감싸줍니다.

꽃받침
꽃의 하단은 꽃받침으로 감싸줍니다.

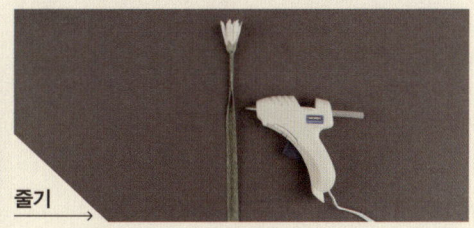

줄기
철사에 주름지를 감아서 줄기를 표현합니다.

잎
줄기에 잎을 연결하면 꽃이 완성됩니다.

페이퍼 플라워 기본기 4가지

이제 곧 다양한 꽃들을 직접 만들어볼 건데요.
지금부터 소개할 4가지 기본기는 거의 모든 꽃마다 반복됩니다.
미리 익혀두면 자신감도 생기고, 만드는 속도도 빨라질 거예요.

1. 꽃잎 기본 펴기

가장 기본이 되는 기법입니다. 손으로 주름을 펴서 꽃잎의 곡선을 만드는 건데요. 모든 꽃을 만들 때마다 반복되니까 꼭 익혀두세요.

주름을 펴고자 하는 부분을 양손으로 잡은 뒤, 좌우로 잡아당겨서 주름을 펴주세요.

Know How
너무 세게 당기진 마세요
주름지가 다른 종이에 비해 질기긴 하지만 너무 세게 당기면 당연히 찢어질 수 있겠죠. 한 번에 팍 당기지 말고 주름이 펴지는 것을 느끼면서 조심스럽게 당기세요. 가운데 부분을 당길 때는 힘을 약간 주었다가 가장자리로 갈수록 힘을 살짝 빼면 예쁘게 곡선이 생깁니다.

2. 잎 만들기

잎을 반쪽씩 잘라서 하나로 겹쳐 붙일 건데요. 통으로 잎을 재단하지 않고 이렇게 반쪽씩 재단하면 주름 방향을 이용해 자연스럽게 잎맥까지 표현해줄 수 있습니다.

① 잎 부분 도안을 대고 주름지를 잘라주세요. 이때, 도안에 표시된 주름지 방향과 실제 주름지 방향이 일치하는지 꼭 확인하세요.

② 주름지 방향을 잘 맞춰서 잘랐다면 주름이 V자 모양으로 생겨서 잎맥처럼 보일 거예요.

③ 반쪽인 잎에 글루를 소량 묻힌 후, 적당한 길이로 자른 철사를 붙입니다.

④ 글루가 굳기 전에 나머지 반쪽 잎으로 철사를 덮어서 함께 붙여줍니다.

Know How

2장의 잎이 완전히 밀착되도록 양손으로 꾹 눌러주면 좋아요. 그렇지 않으면 마르는 과정에서 가운데 틈이 벌어지거나 들뜰 수 있습니다.

모서리 부분이 예쁘게 딱 맞지 않으면 가위로 끝을 살짝 다듬어서 깔끔하게 만들면 돼요.

3. 줄기 만들기

꽃 아랫부분의 철사를 그냥 둘 수도 있겠지만, 주름지로 감싸주면 완성도도 높아지고, 빈티지한 느낌도 살릴 수 있습니다. 역시 모든 꽃 만들기에서 반복되는 과정입니다.

도안에 꽃받침이 없을 때
가장 기본이 되는 줄기 만들기 방법이에요. 주름지 가운데에 철사를 놓고 양쪽 여분의 종이로 철사를 감싸주세요. 글루를 쭉 짜서 줄기 전체를 한 번에 붙이려고 하지 말고 위에서부터 아래로, 필요할 때마다 글루를 조금씩 여러 번 묻히면서 작업해야 쉽습니다.

도안에 꽃받침이 있을 때
먼저 상단 꽃받침 부분의 주름을 양쪽으로 펴줍니다. 꽃 하단을 감싸야 하기 때문에 주름을 펴야 밀착해서 붙일 수 있어요. 꽃받침 부분부터 글루를 묻혀 붙이기 시작하고, 점점 아래쪽 줄기까지 연결해서 붙이세요.

Know How
여러 갈래의 꽃이나 줄기를 연결할 때는 일일이 줄기를 주름지로 감아주는 것이 복잡해서 플로럴 테이프를 사용하기도 합니다.

4. 줄기에 잎 달기

잎과 줄기를 만든 뒤에 이 두 가지를 연결하는 방법입니다. 가장 먼저, 생화를 관찰하면서 잎을 줄기의 어느 부분에 연결할지 결정하세요. 꽃마다 꽃잎의 모양이 다르듯이 잎이 붙어 있는 모양도 달라요. 어떤 꽃은 꽃 바로 아래에 잎이 붙어 있고, 어떤 꽃은 잎과 잎이 지그재그로 달려 있기도 하지요.

① 잎을 연결할 부분의 줄기에 비스듬하게 가위집을 냅니다. 잎을 위에서 아래쪽으로 꽂을 거니까 아래쪽 사선 방향이 되어야 해요. 사진처럼 꽃을 아래쪽으로 두고 가위집을 내면 작업하기 편해요.

② 벌어진 주름지 사이에 글루를 살짝 묻힙니다.

③ 잎 끝에 있는 철사를 가위집에 꽂아 넣으세요.

④ 벌어져 있던 주름지를 꼭꼭 닫는다는 느낌으로 붙여주세요. 종이여서 벌어졌던 흔적이 아주 깨끗하게 사라집니다.

Know How
벌어진 주름지 사이로 글루를 너무 많이 묻히면 주름지를 닫을 때 글루가 흘러나올 수 있으니 유의하세요.

자주 겪는 문제들 미리 보기

페이퍼 플라워를 만들 때 가장 많이 겪게 되는 문제들을 모았습니다.
만들기가 쉬워지는 팁들이 숨어 있으니 꼭 미리 읽어두세요.

Q 도안대로 재단한 것 같은데 길이가 모자라요
A 꽃받침으로 꽃 아랫부분을 감싸야 하는데 길이가 모자라는 경우가 가장 흔해요. 그럴 땐 주름지가 주름을 펼 수 있는 종이라는 사실을 떠올리세요. 주름을 펴주기만 해도 길이가 늘어납니다.

Q 주름지를 반듯하게 자르기가 어려워요
A 아무래도 표면이 울룩불룩한 종이라서 A4 용지처럼 반듯하게 잘리진 않아요. 하지만 꽃은 자연물이라서 선이 조금 삐뚤빼뚤하거나 모양이 살짝 달라도 별로 이상하지 않아요. 오히려 자연스러운 느낌을 살릴 수 있으니 너무 재단에 스트레스 받지는 마세요.

Q 다 붙이기도 전에 글루가 굳어버렸어요
A 글루건의 쇠 부분을 굳은 글루에 살짝 가져다 대보세요. 뜨겁게 달궈진 쇠가 닿으면 굳었던 글루가 다시 녹습니다.

Q 글루가 굳는 데 너무 오래 걸려요
A 글루가 굳는 속도는 주변의 온도와 관계가 있어요. 공기가 더우면 글루가 잘 굳지 않고, 추우면 빨리 굳습니다. 저는 빨리 굳히고 싶을 때 꽃을 들고 잠깐 찬 공기가 도는 곳으로 나갔다 오기도 해요.

Q 만들다가 주름지가 살짝 찢어졌어요
A 많이 찢어진 게 아니라면 풀이나 글루로 살짝 다시 붙이세요. 여러 번 겹쳐 붙여서 만드는 꽃이어서 티가 나지 않는 경우가 많아요.

Q 철사가 가위로 안 잘려요

A 가위로 힘을 줘서 억지로 자르려고 하면 가윗날이 상할 수도 있고 위험해요. 롱노우즈를 사용하면 철사가 깔끔하게 잘립니다. 롱노우즈 두 개의 날 사이에 보면 작은 홈이 있어요. 그 사이에 철사를 놓고 절단하면 됩니다.

Q 철사 끝을 9자로 구부리라고 하는데 예쁘게 잘 안 돼요

A 롱노우즈로 철사 끝을 구부리는 과정은 거의 모든 꽃에 등장할 텐데요. 롱노우즈 끝으로 철사 끝을 잡은 뒤 각자 편한 방향으로 원을 그리듯 구부려주면 됩니다. 이 과정은 철사의 면적을 넓혀서 주름지에 잘 붙게 하기 위한 것이에요. 어차피 주름지로 감싸서 보이지 않는 부분이기 때문에 모양을 예쁘게 만들 필요는 없어요.

Q 책에서 쓴 주름지의 정확한 색상을 알고 싶어요

A 저는 평소에 주름지를 고를 때 국내 종이, 수입 종이인지는 물론, 제조사도 가리지 않아요. 오직 색상만 보고 그때그때 선택하는 편이랍니다. 같은 '풀색'이어도 제조사에 따라 색상이 천차만별이거든요. 책에는 가장 일반적인 색상명을 적어두었구요. 사진 속 주름지의 색상을 보면서 선택하면 좋을 것 같아요. 책과는 다르지만 각자가 원하는 색상을 자유롭게 골라도 좋아요.

Q 단순 작업을 할 때 지루해요

A 같은 모양의 꽃잎을 계속해서 자르거나 붙이는 작업들이 꽤 있어요. 그런 때 빨리 끝내야겠다는 생각만 하기보다 그 시간 자체를 즐겨보면 좋겠어요. 저는 보통 좋아하는 음악을 틀어놓고 작업을 하는 편인데요. 그렇게 하면 손을 움직이는 일 자체가 참 즐겁게 느껴진답니다.

Q 꽃이 책의 사진처럼 자연스럽지 않아요

A 페이퍼 플라워는 여러 번 손으로 매만질수록 예뻐져요. 종이 느낌이 강하게 나는 부분은 주름을 살짝살짝 펴서 종이 느낌을 없애주고, 뻣뻣해 보이는 꽃잎이나 줄기는 손으로 여러 번 매만지면서 곡선을 만들어주세요.

1

NATURAL FLOWER

Flower Note

'당신의 마음을 알아 기쁩니다'라는 꽃말을 가진 다알리아입니다. 생김새가 화려해서 한 송이만으로도 존재감이 있죠. 그래서 디퓨저 스틱 등 인테리어 소품으로 자주 활용됩니다.

겹겹이 피어난 다알리아

다알리아의 꽃잎은 형태와 결이 주름지의 느낌과 닮아 있어서, 생화와 매우 흡사한 작품을 만들 수 있습니다. 넓은 꽃잎이 겹겹이 포개진 모습이 특징인데요. 작은 꽃잎(A), 큰 꽃잎(B) 순으로 철사에 돌돌 말아준 뒤 꽃잎을 한 장씩 예쁘게 펴주기만 하면 완성됩니다. 화려한 결과물에 비해 작업 과정은 단순해서 페이퍼 플라워 입문자에게 가장 먼저 추천하고 싶은 꽃이에요.

준비물	주름지, 굵은 철사 27cm 1개, 가는 철사 10cm 2개, 롱노우즈, 가위, 글루건
주름지 컬러	상아색, 풀색
난이도	✽
소요 시간	20분
실물 도안	195쪽

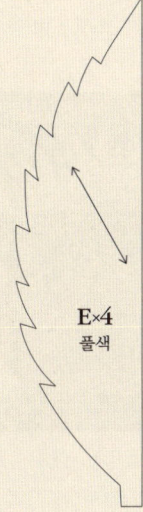

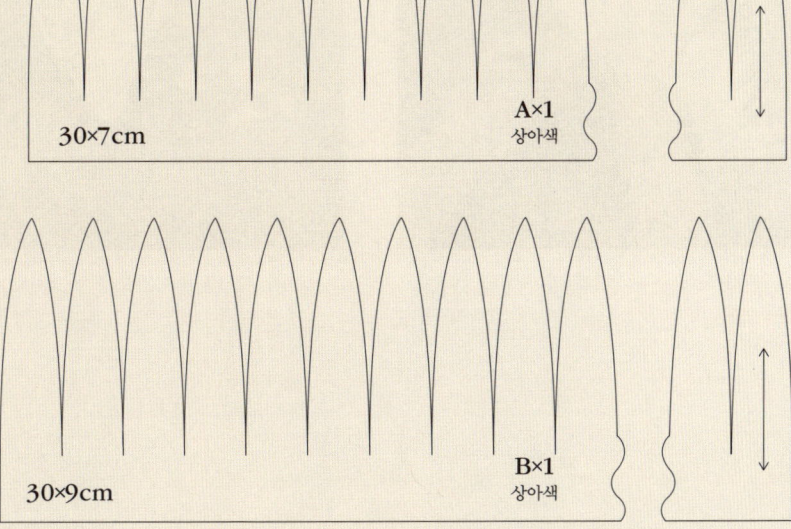

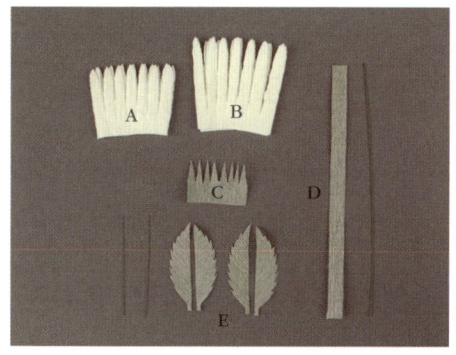

1. 꽃잎 A 1장, B 1장, 꽃받침 C 1장, 줄기 D 1장, 잎 E 4장을 재단합니다.

2. A와 B 모두 꽃잎을 한 장씩 폅니다. 꽃잎 한가운데를 양 엄지손가락으로 잡은 뒤 좌우로 펼쳐주세요. (꽃잎 기본 펴기 18쪽)

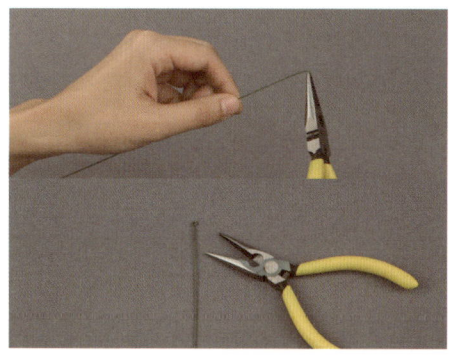

3. 줄기가 될 굵은 철사(27cm)의 끝 부분을 롱노우즈로 잡고 9자 형태로 만들어주세요. 여기에 꽃잎을 말아서 붙일 건데, 이렇게 면적을 넓혀야 더 잘 붙습니다.

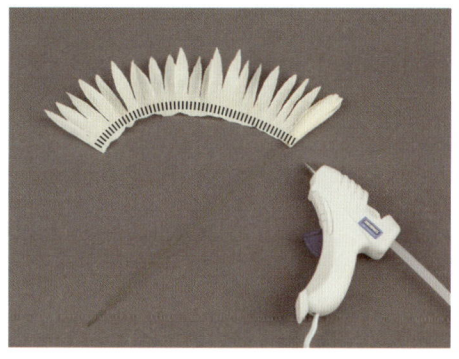

4. A의 하단에 글루를 묻힌 뒤 철사에 감아줍니다.
   tip 전체를 한 번에 하기는 힘들어요. 구간을 나눠 3~4번에 걸쳐서 글루를 묻히고 감기를 반복해주세요.

5. A 위에 B도 같은 방식으로 말아서 붙입니다.
   tip A 꽃잎 사이사이로 B 꽃잎이 붙을 수 있게 위치를 잡아주세요.

6. 두툼해진 꽃잎 아랫부분을 가위로 비스듬하게 여러 번 잘라주세요. 그래야 꽃받침이 예쁘게 붙어요.
   tip 혹시 꽃잎이 조금 풀려도 걱정하지 마세요. 나중에 꽃받침으로 고정하면 되니까요.

줄가+잎

7. 꽃받침 C에 글루를 묻혀 꽃잎 아랫부분을 감싸듯이 붙입니다.
   tip 꽃받침 길이가 모자라면 살짝 당겨서 길이를 늘려주세요.

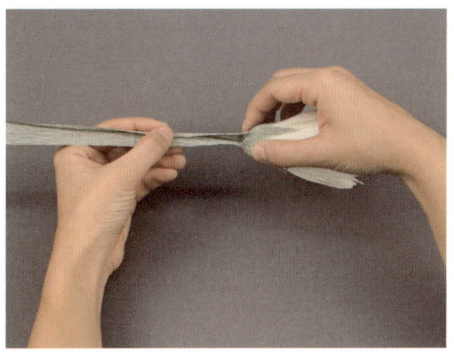

8. 줄기 D를 철사에 붙입니다. 위에서부터 아래로 감으며 붙여줍니다.
   tip 꽃받침 부분은 사진처럼 손으로 오므려서 줄기로 감싸주세요.

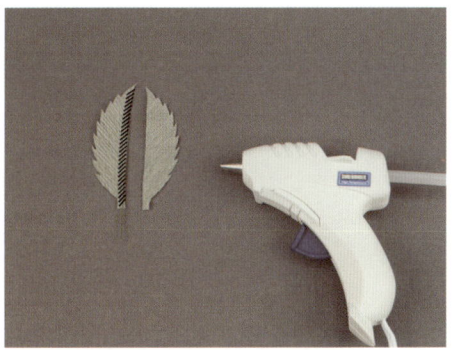

9. 잎 E에 글루를 묻히고 가는 철사(10cm)를 붙입니다.

10. 글루가 굳기 전에 나머지 반쪽 잎도 겹쳐서 붙이세요. 나머지 잎 하나도 동일하게 만듭니다.
    tip 잎맥이 V자 모양인지 확인하세요.

11. 꽃받침에서부터 7cm, 10cm 정도 아래 두 군데에 비스듬하게 가위집을 냅니다.

12. 잎의 철사 끝에 글루를 묻힌 뒤, 가위집 낸 부분에 찔러 넣어 고정합니다. (줄기에 잎 달기 21쪽)

13. 꽃잎을 한 장씩 펴주면 꽃이 피어납니다.

14. 펴준 꽃잎들을 다시 한 번 하나씩 매만집니다. 주름을 펴면서 볼륨을 살려주세요.

Know How

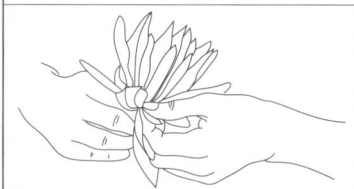

풍성한 느낌이 나도록 꽃잎 펴는 법

꽃잎을 끝에서 잡아당기지 말고, 꽃받침 가까이까지 손을 깊숙이 넣은 뒤 펴주세요. 아래부터 굴곡이 살아야 전체적으로 풍성해집니다. 굴곡을 살짝만 주면 조금 덜 편 상태의 꽃을 만들 수 있습니다.

완성

꽃잎은 자신이 원하는 만큼만 펼쳐주세요. 조금만 펼치면 꽃봉오리가 됩니다.

Flower Note

골든볼은 생김새 때문에 다양한 이름이 붙은 꽃인데요. 노란 단추 같이 생겼다고 해서 빌리 버튼(Billy button), 긴 북채와 비슷하다고 해서 드럼 스틱(Drum stick)으로 불리기도 합니다. 국화과 꽃으로 원산지는 호주와 뉴질랜드입니다.

A×1
노란색

B×1
풀색

3×40cm   1×25cm

동글동글 골든볼

골든볼은 어느 방향에서 봐도 동글동글한 모습이 참 귀여워요. 가장 먼저, 꽃잎이 될 노란색 주름지(A)를 가늘게 여러 가닥으로 채를 썬 뒤 적당한 길이로 겹쳐 접어줍니다. 그리고 가운데 부분을 철사로 묶어요. 마치 리본처럼. 그 뒤에 가위로 가장자리를 다듬으면서 동그랗게 만들어주면 됩니다. 과정이 서툴러도 마지막에 가위로 여러 번 예쁘게 다듬기만 하면 되니까 누가 만들어도 결과물이 좋아요.

준비물	주름지, 굵은 철사 29cm 1개, 롱노우즈, 가위, 글루건
주름지 컬러	노란색, 풀색
난이도	✱
소요 시간	10분
실물 도안	197쪽

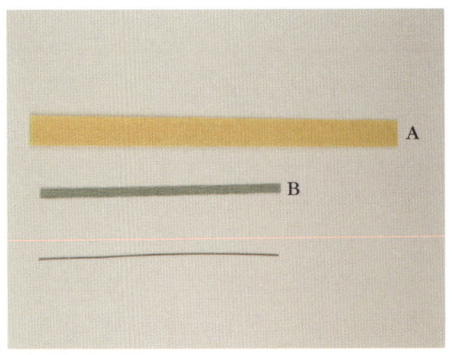

1. 꽃잎 A 1장, 줄기 B 1장을 재단합니다.

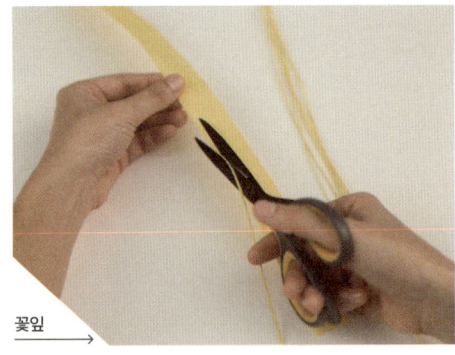

2. 노란색 주름지 A는 채 썰 듯 길게 자릅니다. 15가닥 정도면 적당해요.
   tip 사진처럼 주름지의 왼쪽부터 잘라나가면 두께가 일정한지 눈으로 확인하며 자를 수 있어요.

3. 자른 A를 비비 꼬아줍니다. 꼬으면 가위로 잘린 면이 자연스러워 보여요.
   tip 왼손으로 아래쪽을 고정한 뒤 오른손으로 꼬으면 힘있게 잘 꼬아집니다.

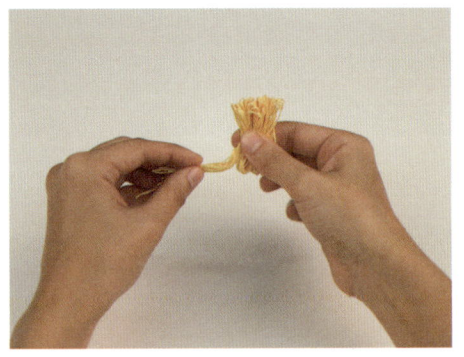

4. 꼬은 노란색 주름지를 모두 정리해 한 손에 잡은 뒤, 4cm 정도 길이로 지그재그로 포개서 접으세요.
   tip 손가락 두 마디 정도면 보통 4cm입니다.

5. 가운데를 철사로 타이트하게 감으세요.

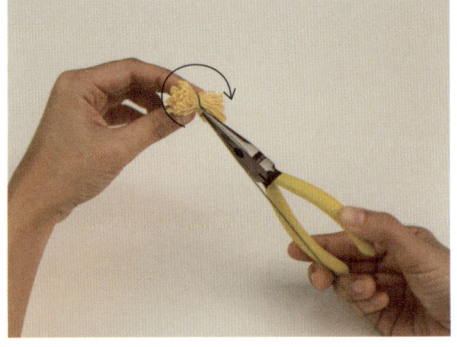

6. 롱노우즈로 철사를 잡고 손으로 꽃을 돌려서 철사를 꼬아줍니다.

36 NATURAL FLOWER

7. 양쪽을 일직선이 되게 가위로 자릅니다.

8. 꽃잎을 퍼트려서 둥근 꽃 모양을 만듭니다.

9. 꽃잎을 감은 철사 라인을 따라서 글루를 묻힌 뒤 양쪽 꽃잎을 납작하게 눌러 붙입니다.

10. 울퉁불퉁 튀어나와 있는 꽃잎을 가위로 예쁘게 다듬어줍니다.

    tip 꽃 크기를 작게 하고 싶으면 더 많이 다듬어주세요. 참고로 약간 작은 꽃이 귀엽답니다.

완성

줄기에 B를 감아서 붙이면 완성.(줄기 만들기 20쪽)

Flower Note

주로 한국과 일본에 분포하는 목련은 나무의 가지 끝마다 한 송이씩 큰 꽃을 피웁니다. 봄이 되면 화려하게 피었다가 머지않아 낙엽처럼 지지요. 꽃말은 '이루어질 수 없는 사랑'입니다.

곡선을 살려 목련

목련은 긴 수술을 우아한 자태의 꽃잎이 감싸고 있는 모습입니다. 연두색 주름지(A)를 철사 끝에 사선으로 감아서 암술을, 그 주변에 노란색 주름지(B)를 감아서 수술을 만듭니다. 그리고 수술 주변으로 꽃잎(C)을 한 장씩 덧붙이면서 모양을 잡습니다. 꽃잎의 곡선을 만드는 방법은 뒤에서 자세히 알려드릴게요. 꽃잎을 분홍색으로 재단하면 자색 목련을 만들 수 있습니다.

준비물	주름지, 굵은 철사 27cm 1개, 가는 철사 10cm 2개, 가위, 글루건
주름지 컬러	연두색, 노란색, 아이보리색, 풀색
난이도	**
소요 시간	20분
실물 도안	199쪽

C×9
아이보리색

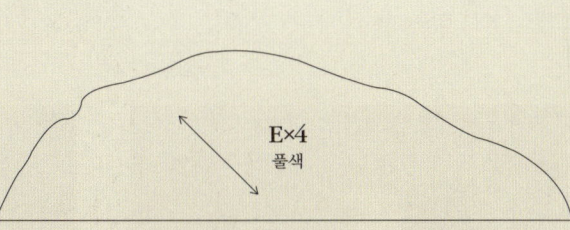

E×4
풀색

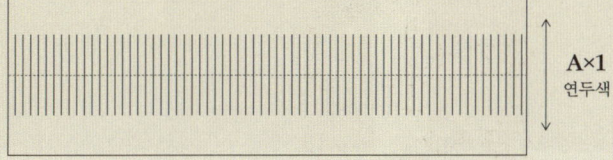

A×1
연두색

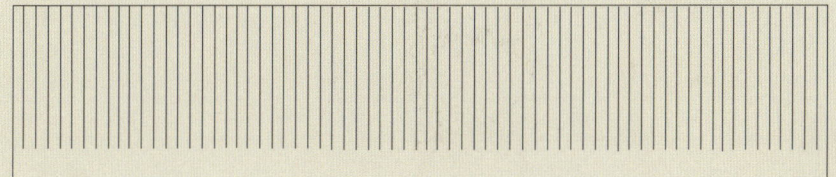

B×1
노란색

D×1
풀색

1.5×25cm

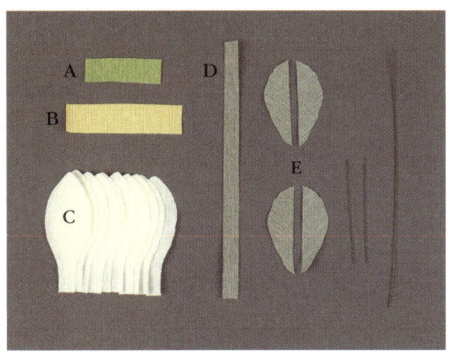

1. 암술 A 1장, 수술 B 1장, 꽃잎 C 9장, 줄기 D 1장, 잎 E 4장을 재단합니다.

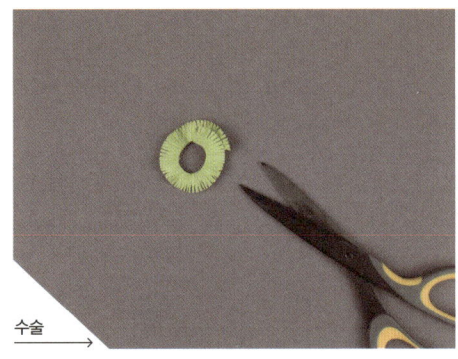

2. A를 가로 방향으로 반 접고, 0.1mm 간격으로 가위질합니다.

   tip 도안에 표시한 것처럼 접힌 쪽을 잘라야 해요. 반대쪽을 자르지 않도록 유의하세요.

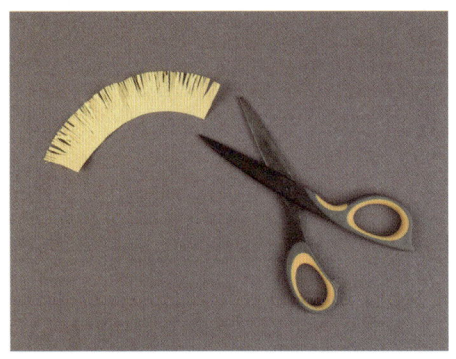

3. B를 0.2mm 간격으로 가위질합니다.

4. 얇게 자른 B의 가닥들을 비비 꼬아줍니다.

   tip 하나씩 일일이 하지 말고 몇 가닥씩 한 번에 잡고 꼬면 시간을 줄일 수 있어요.

5. A 하단에 글루를 묻힌 뒤, 굵은 철사(27cm)에 사선으로 조금씩 내려오면서 감습니다.

6. 그 위에 B를 비스듬하게 감아 붙입니다. 위쪽에 A가 1cm 정도 보이도록 해주세요.

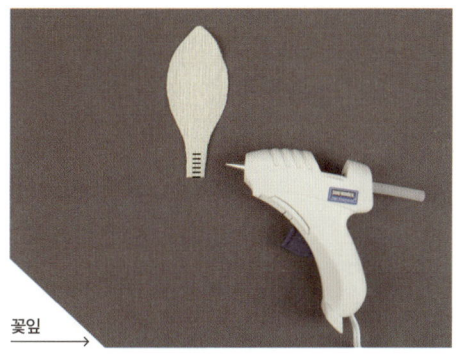

7. 꽃잎 C 하단에 세로로 1cm 정도 글루를 아주 조금만 묻힙니다.

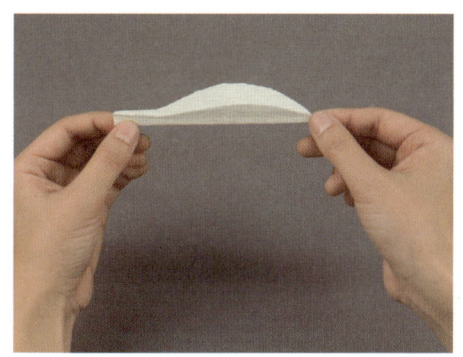

8. 꽃잎을 반 접었다가 글루가 굳으면 펴주세요.

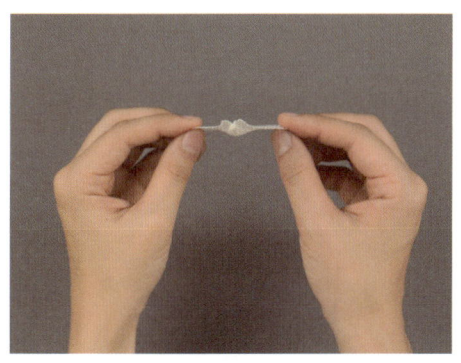

9. 사진처럼 꽃잎 하단에 V자가 생길 거예요.

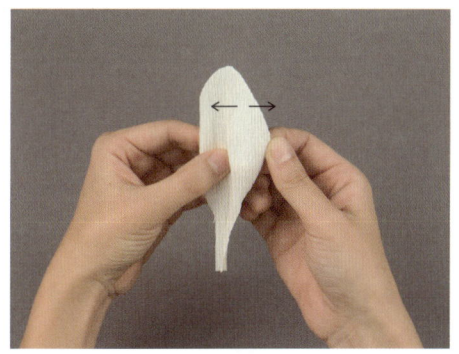

10. 꽃잎을 기본 펴기로 펼 건데요. 한 번에 펴는 것이 아니라 꽃잎을 반쪽씩 잡고 양쪽으로 펴줍니다. 꽃잎에 M자 모양으로 물결이 생깁니다.

11. 모든 꽃잎을 7~9단계대로 준비합니다.

12. 꽃잎 3장을 사진처럼 붙입니다.
    tip 꽃잎이 안쪽이 아니라 바깥쪽으로 말릴 수 있게 붙이세요.

13. 앞서 붙인 3장의 꽃잎에 남은 6장의 꽃잎을 덧붙입니다.
    tip 앞서 붙인 꽃잎의 사이로 꽃잎들이 위치하도록 붙여주세요.

14. D 윗부분의 주름을 살짝 폅니다. 이 부분이 꽃받침이 될 거예요.

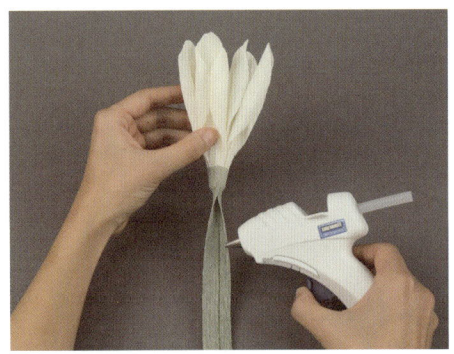

15. D를 꽃받침부터 줄기까지 아래로 조금씩 글루를 묻히면서 붙입니다.

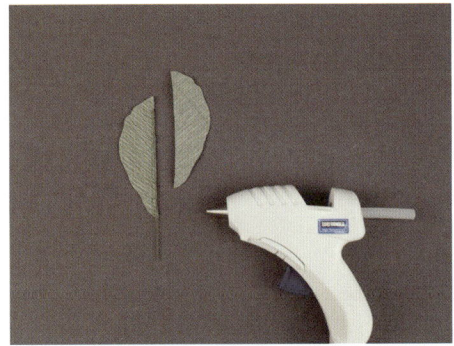

16. 가는 철사(10cm)에 글루를 묻힌 뒤 E를 한쪽씩 차례로 붙입니다. 이때 잎맥이 V자인지 확인하세요.

17. 줄기의 상단에서 3cm, 5cm 지점에 사선으로 가위집을 냅니다.

18. 잎 부분 철사를 꽂아 글루로 고정시킵니다.(줄기에 잎 달기 21쪽)

19. 손가락을 꽃받침 가까이 넣어 꽃잎을 한 장씩 펼쳐줍니다.

20. 잎이 볼록해지도록 주름을 폅니다.

완성
꽃잎을 매만지면서 예쁘게 모양을 잡아주세요.

Flower Note

봄의 대표 꽃인 라넌큘러스입니다. 오렌지, 핑크, 노랑 등 색상이 다양하고 우리가 만들어볼 꽃처럼 바깥쪽 꽃잎만 색이 다른 것도 있습니다. 은은한 컬러와 나풀거리는 느낌 때문에 신부를 위한 부케로 항상 인기가 좋아요.

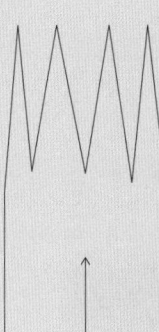

꽃잎을 쌓아
라넌큘러스

라넌큘러스는 수백 장의 하늘하늘한 꽃잎이 겹겹이 쌓여 꽃을 이룹니다. 갈색 주름지를 철사 끝에 돌돌 말아 수술(A)을 만든 뒤, 꽃잎(C, D, E)을 순차적으로 쌓아가며 한 장씩 붙여주세요. 갈수록 꽃잎의 크기가 커지기 때문에 앞에 붙인 꽃잎을 감싼다는 느낌으로 붙여나가면 됩니다. 너풀거림을 표현하기 위해 꽃잎 상단 부분은 주름을 최대한 펴줄 거예요.

준비물	주름지, 굵은 철사 27cm 1개, 우드스틱, 가위, 글루건
주름지 컬러	흰색, 갈색, 풀색, 분홍색
난이도	**
소요 시간	20분
실물 도안	201쪽

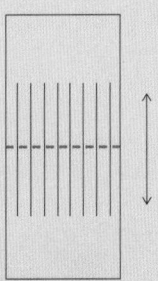

A×1
갈색

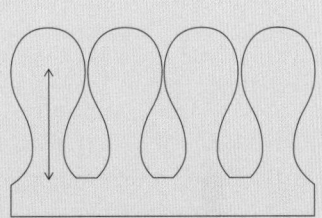

B×2
풀색

F×1
풀색

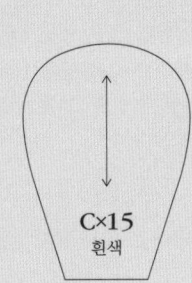

C×15
흰색

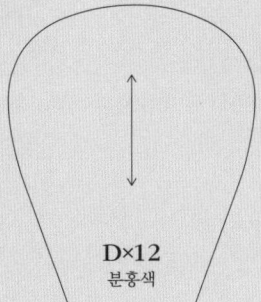

D×12
분홍색

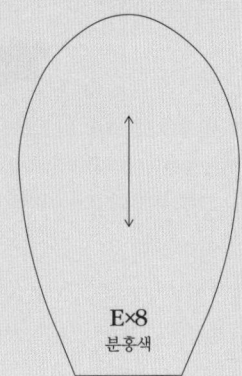

E×8
분홍색

2.5×30cm

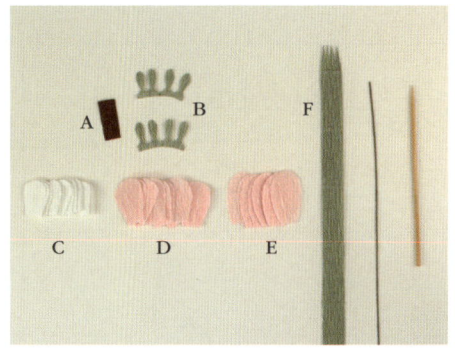
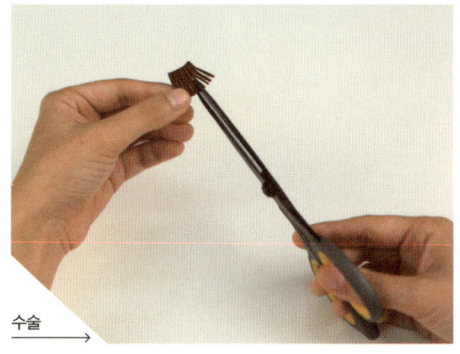

1. 수술 A 1장, 꽃잎 B 2장, C 15장, D 12장, E 8장, 줄기 F 1장을 재단합니다.

   tip 꽃잎 D와 E가 섞이지 않게 유의하세요.

2. 수술이 될 A를 가로로 반 접은 뒤, 접힌 쪽을 2mm 간격으로 잘라주세요.

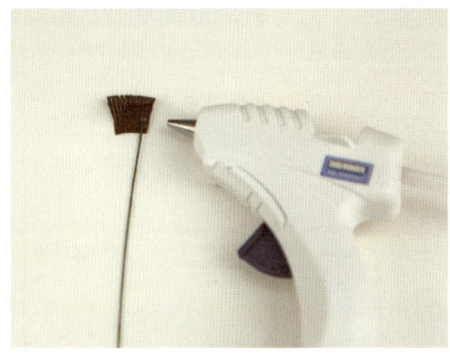

3. 철사 끝에 글루를 살짝 묻힌 뒤 A의 두 겹 사이로 넣어 붙입니다.

4. A를 돌돌 말아서 글루로 고정합니다.

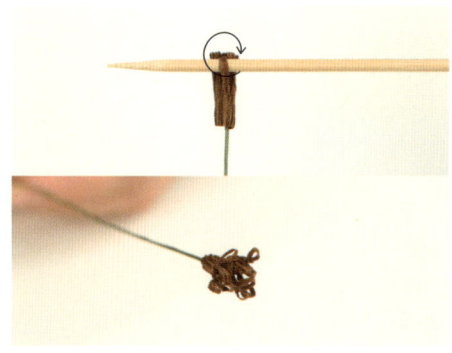
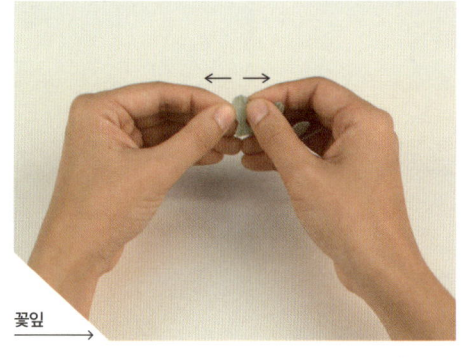

5. A의 고리 사이에 우드 스틱을 끼운 뒤 뱅글뱅글 돌려줍니다. 고리 구멍이 커지도록요.

6. B의 꽃잎 가운데를 양쪽 엄지로 잡은 뒤 좌우로 펴줍니다. 나머지 B 한 장도 똑같이 펍니다.
   (꽃잎 기본 펴기 18쪽)

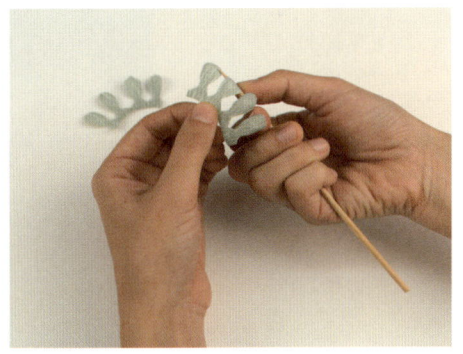

7. 우드 스틱으로 B의 가장자리를 말아줍니다. 다른 한 장도 동일하게 만들어주세요.
   tip 우드 스틱이 없다면 가위 등 부분을 사용해도 됩니다.

8. C, D, E도 6~7단계를 거쳐서 준비합니다. 기본 펴기를 한 뒤에 우드 스틱으로 가장자리를 말아주세요.

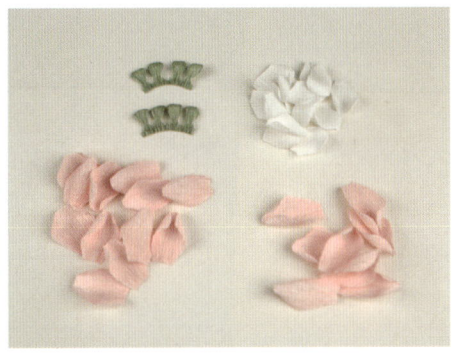

9. B, C, D, E가 준비된 모습니다. 지금부터 B, C, D, E를 차례차례 겹쳐서 붙일 거예요.

10. B 하단에 글루를 묻혀 수술을 감싸듯 붙입니다.

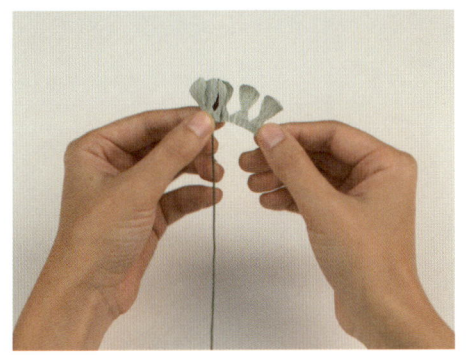
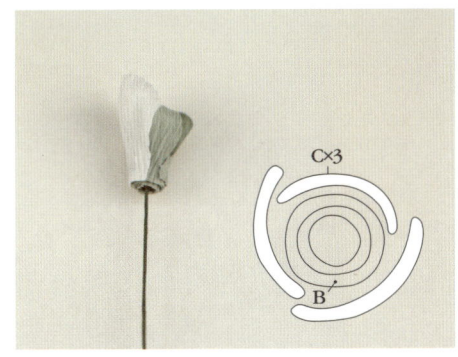

11. 그 위에 나머지 B 1장을 덧붙입니다. 앞에 붙어 있는 B의 사이사이에 배치한다는 느낌으로 붙여주세요.

12. B 위에 C를 감싸 붙입니다. 살짝씩 겹쳐진다는 느낌으로 3장을 먼저 붙여주세요.
    tip 꽃잎 아랫부분은 나중에 가려질 테니 위쪽 모양만 예쁘게 붙이면 돼요.

13. C 4장을 추가로 붙입니다.

14. 그 다음에 다시 C 5장을 붙입니다.

tip 꽃잎이 바깥쪽으로 벌어지면 살짝 안으로 구부려주세요.

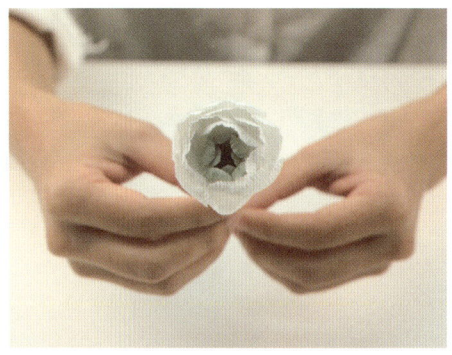

15. 남은 C 3장은 비어 보이는 곳에 붙여주세요.

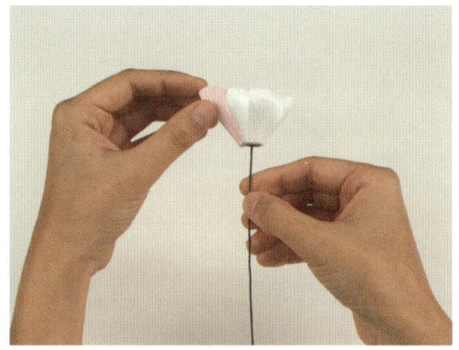

16. 이런 식으로 나머지 D, E도 겹겹이 쌓아서 붙입니다. 분홍 꽃잎 D 하단에 글루를 묻힌 뒤 흰 꽃잎을 감싸듯이 붙입니다.

17. D 5장을 먼저 붙이고, 그 뒤에 D 7장을 겹쳐서 붙여주세요.

18. 꽃을 뒤집어놓고 작업하면 쉽게 붙일 수 있고, 사이사이에 꽃잎을 배치하기도 수월합니다.

19. E 4장을 겹쳐 붙이고, 또 그 위에 E 4장을 붙입니다.

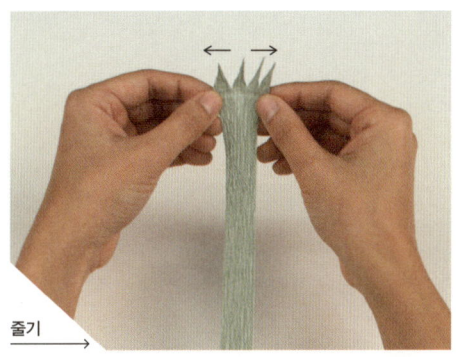

20. F의 꽃받침 부분을 양손으로 잡고 주름을 펴줍니다.

21. 꽃받침 부분에만 글루를 묻혀 먼저 붙입니다.

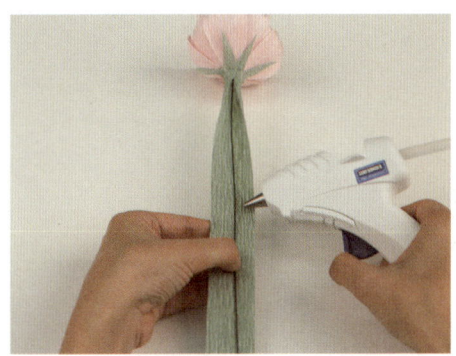

22. 나머지 줄기 부분도 붙여주세요.

완성
꽃잎을 매만지면서 모양을 예쁘게 만들어주세요.

Flower Note

품종과 색이 다양한 리시안셔스는 거의 1년 내내 꽃 가게에서 볼 수 있고, '변치 않는 사랑'이라는 꽃말 덕분인지 부케나 선물용 꽃다발에 자주 사용됩니다. 자주 보지만 의외로 사람들이 이름을 잘 모르는 꽃 중 하나이기도 합니다.

꽃잎 끝이 춤추는 리시안셔스

6가닥의 수술(A)을 만든 뒤 수술 주변을 꽃잎(B, C)으로 감싸줄 거예요. 리시안셔스의 가장 큰 특징은 꽃잎의 곡선이 물결치듯 두드러진다는 것입니다. 곡선이 중요한 만큼 꽃잎의 굴곡을 만들기 위해 여러 차례 매만져줄 거예요.

준비물	주름지, 굵은 철사 25cm 1개, 흰색 철사 (4cm 5개, 5cm 1개), 가위, 글루건
주름지 컬러	노란색, 보라색, 풀색
난이도	✻
소요 시간	20분
실물 도안	203쪽

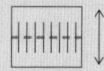

A×6
노란색

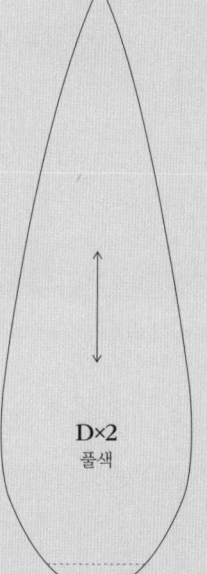

D×2
풀색

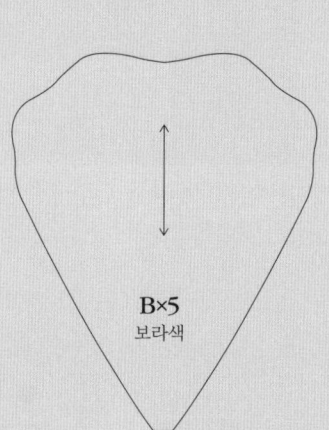

B×5
보라색

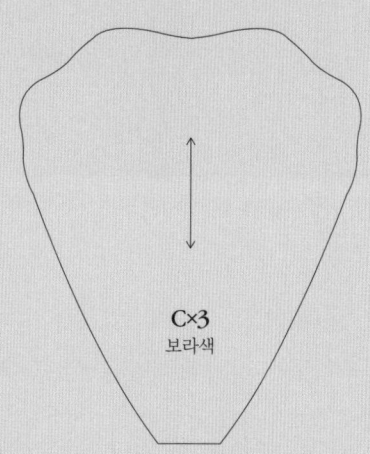

C×3
보라색

E×1
풀색

1.5×30cm

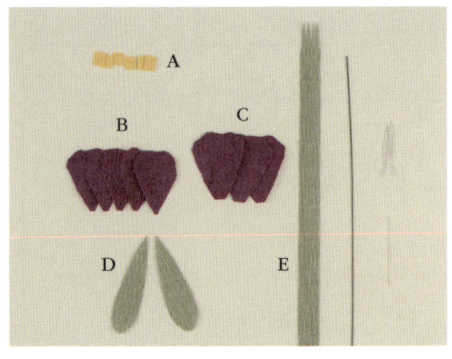
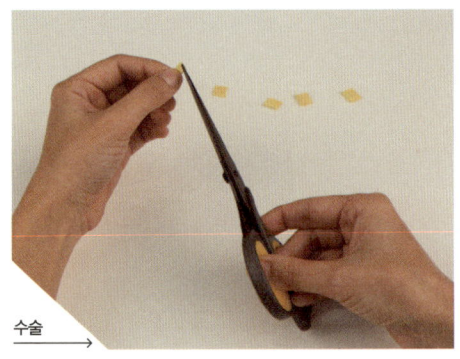

1. 수술 A 6장, 꽃잎 B 5장, C 3장, 잎 D 2장, 줄기 E 1장을 재단합니다.

2. 수술이 될 A를 가로로 반 접은 뒤, 1~2mm 간격으로 가위질합니다.

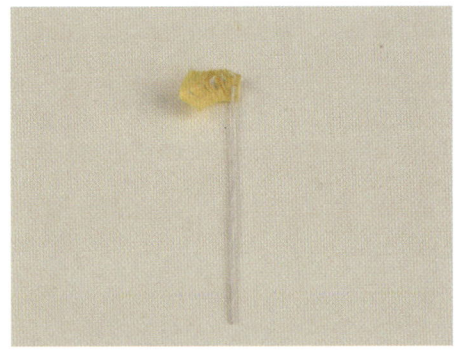

3. A 6장을 동일하게 만들어서 준비하세요.

4. 흰색 철사(4cm) 끝에 글루를 묻힌 뒤 사진처럼 A에 붙여줍니다.

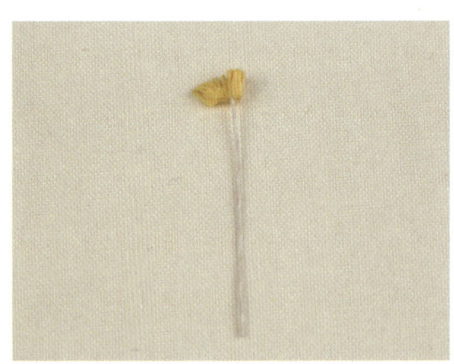
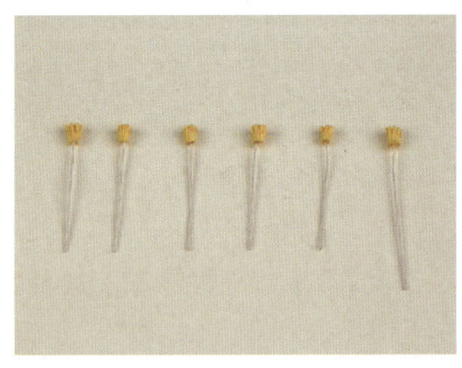

5. A를 돌돌 감아서 붙이세요.

6. 4cm 철사 5개, 5cm 철사 1개로 총 6개의 수술을 만듭니다.

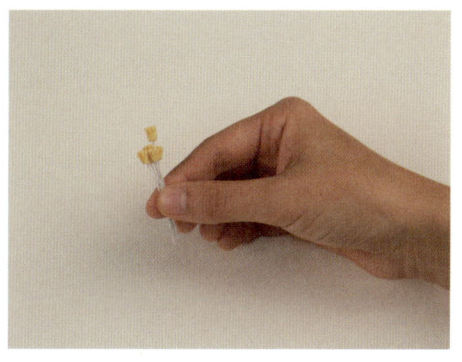

7. 5cm인 수술을 가운데에 놓고, 나머지 수술을 한군데 모으세요.

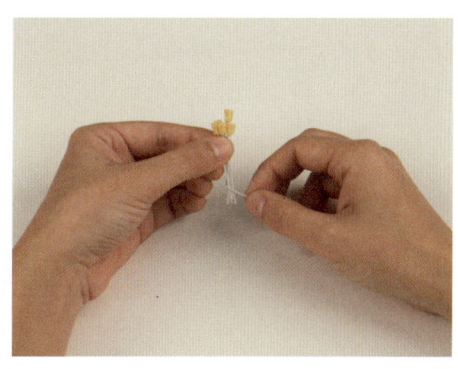

8. 철사 6개 중 하나를 잡아서 나머지 5개 철사를 하나로 묶어주세요.

9. 수술끼리의 간격을 살짝씩 벌려서 사진처럼 모양을 잡아줍니다.

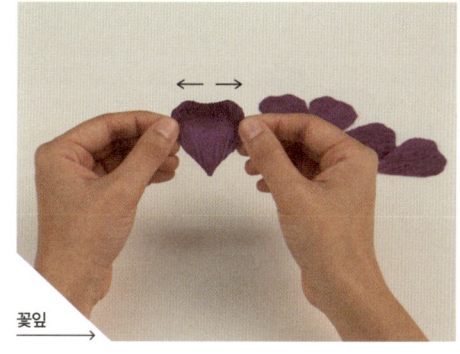

10. 꽃잎 B의 한가운데를 양손으로 잡은 뒤 좌우로 폅니다. (꽃잎 기본 펴기 18쪽)

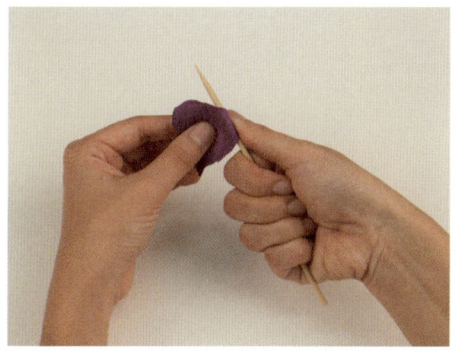

11. 꽃잎 가장자리 부분을 바깥쪽으로 다시 한 번 펴줍니다. 우드 스틱을 활용하면 더 나풀거리게 펼 수 있어요.

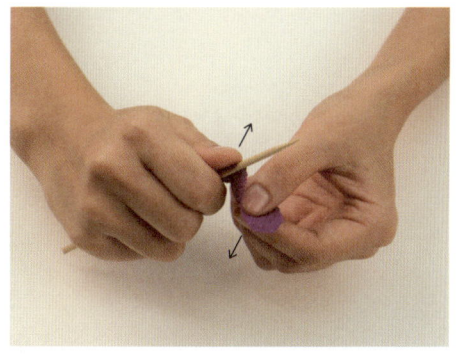

12. 가장자리를 찢듯이 비틀면 물결 모양이 더욱 살아납니다. 꽃잎마다 두세 번 정도 비틀어주세요.

13. 나머지 B와 C 꽃잎도 10~12단계대로 동일하게 만들어줍니다.

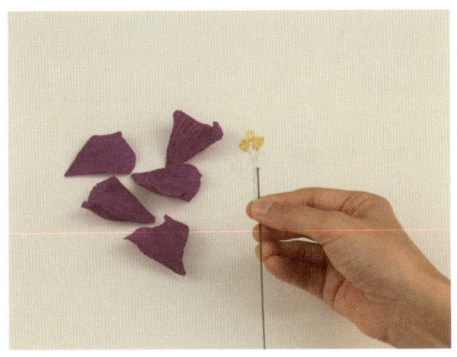

14. 만들어놓은 수술과 굵은 철사(25cm)를 연결해서 한 손으로 잡으세요.

15. 꽃잎 B 하단에 글루를 묻혀 수술을 놓은 뒤, 감싸듯이 말아 붙입니다. 자연스럽게 굵은 철사, 수술, 꽃잎이 하나로 연결될 거예요.

16. B 1장을 마주 보게 붙여주세요.

17. B 3장을 겹쳐 붙입니다.

18. 이런 식으로 계속 덧붙여나가면 돼요. 꽃잎 C 3장을 B 위에 덧붙입니다. B 꽃잎 사이사이에 붙인다고 생각하면 쉬워요.

줄가+잎

19. 꽃받침 부분의 주름을 살짝 편 뒤, 글루로 꽃에 붙입니다.

20. 줄기 전체를 모두 붙입니다.

21. 잎에 해당하는 E의 끝을 5mm 정도 안쪽으로 접으세요. 실제 꽃처럼 줄기와 잎이 연결되는 지점을 통통하게 만들어주는 거예요.

22. 양쪽 잎이 줄기를 감싸도록 사선으로 붙여주세요.

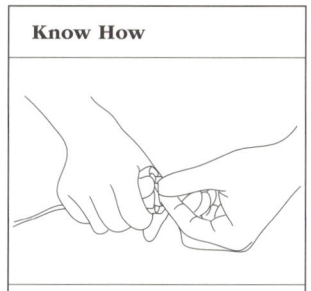

Know How

꽃봉오리 만드는 법

꽃잎을 모아서 가운데를 회오리처럼 꼬아주면 꽃봉오리 모양이 됩니다.

완성

잎의 주름을 펴서 자연스럽게 만들어줍니다.

Flower Note

레몬잎은 어떤 꽃과도 잘 어울려서 다양하게 어레인지하기 좋아요. 타원형의 둥그스름한 잎이 과실인 레몬과 꼭 닮았어요.

어디에나 어울리는 레몬잎

2장의 반쪽짜리 잎으로 하나의 잎을 만드는 방법은 기본 잎 만들기(19쪽)와 동일합니다. 중요한 것은 잎이 달린 가지를 지그재그로 어긋나게 배치하는 것인데요. 긴 철사에 짧은 철사를 하나씩 덧대면서 플로럴 테이프로 감아주세요. 또 주름지의 주름을 완전히 펴서 매끄러운 잎의 느낌을 살리고, 잎 끝의 뾰족한 부분을 가위로 둥글게 다듬어서 부드러운 곡선을 만들어주면 실제 레몬잎과 더욱 비슷해집니다.

준비물	주름지, 굵은 철사 30cm 1개, 가는 철사 10cm 5개, 가위, 글루건, 우드 스틱, 플로럴 테이프
주름지 컬러	연두색
난이도	✽
소요 시간	20분
실물 도안	205쪽

A×12
연두색

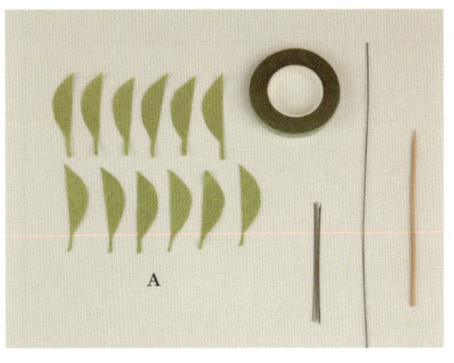

1. A 12장을 재단합니다.

2. 가운데 잎맥이 될 부분에 글루를 묻히세요.

3. 글루 위에 가는 철사(10cm)를 붙입니다.

4. 반대쪽 잎을 그 위에 붙이세요. 잎맥이 V자 방향인지 확인해주세요.
   - tip 잎 2장을 손으로 잘 눌러서 단단하게 고정합니다.

5. 뾰족한 끝 부분을 둥그렇게 자릅니다.
   - tip 잎을 철사를 기준으로 살짝 오므렸다가 펴면 훨씬 자연스러워져요.

6. 우드 스틱으로 잎의 주름을 전체적으로 폅니다. 실제 레몬잎처럼 매끄러운 질감을 만들어주는 과정이에요.

7. 나머지 잎 5개도 2~6단계대로 준비합니다. 총 6개의 잎 중 하나는 굵은 철사(30cm)에 붙이세요.

8. 잎의 아래쪽 철사를 플로럴 테이프로 감아주세요.
   tip 30cm 철사는 위쪽 2cm만 감습니다.

9. 30cm 철사에 잎 하나를 포개고 연결 부분을 플로럴 테이프로 고정합니다.

10. 밑으로 내려가면서 나머지 잎을 하나씩 포개나가며 플로럴 테이프로 감아주세요.

완성
잎을 한 장씩 바깥으로 펼쳐서 완성합니다.

Flower Note

올리브 나무는 '태양의 나무'라고 불리며 지중해 연안뿐 아니라 유럽 여러 나라에서 오래전부터 사랑 받아왔지요. 차분한 컬러가 특징인 올리브잎은 빈티지하면서도 고급스러운 느낌 덕에 다양한 데코레이션에 활용할 수 있습니다.

심플하게 올리브잎

올리브잎은 앞면과 뒷면의 색이 약간 달라요. 그런데 앞뒤로 색이 다른 종이를 덧붙이면 종이가 들뜨고 자연스러운 느낌이 사라지거든요. 그래서 우리는 색상이 다른 2가지 종류의 잎(A, B)을 만들어서 줄기에 번갈아가면서 붙여줄 거예요. 실제와는 조금 다르지만 다채로운 색의 느낌은 그대로 살릴 수 있답니다.

준비물	주름지, 굵은 철사 25cm 1개, 가는 철사 10cm 14개, 가위, 글루건, 플로럴 테이프
주름지 컬러	녹색, 풀색
난이도	✽
소요 시간	10분
실물 도안	205쪽

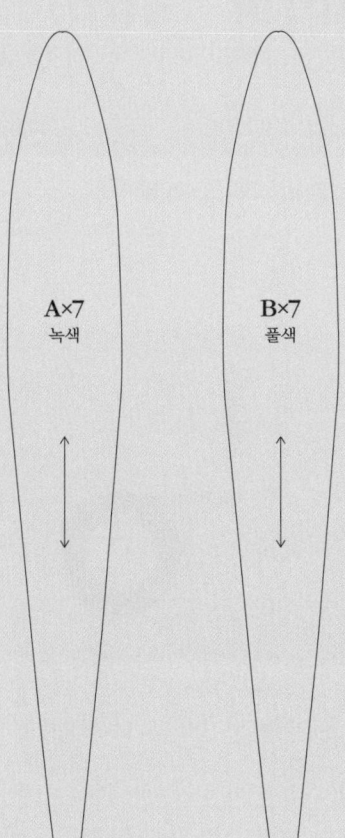

A×7
녹색

B×7
풀색

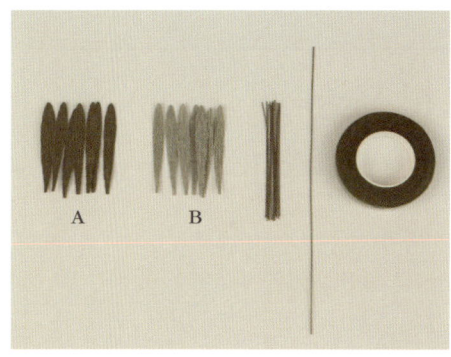

1. A 7장, B 7장을 재단합니다.

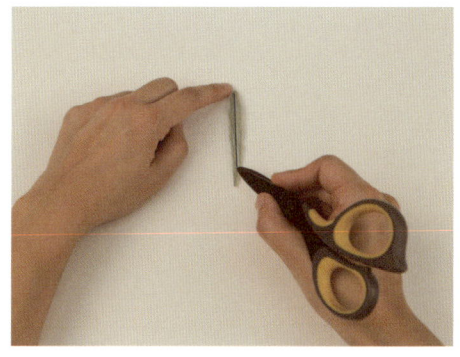

2. 가윗날로 잎 가운데를 일직선으로 한 번씩 꾹 누르면서 그어주세요. 그 자리에 글루를 묻혀 철사를 붙일 거예요.

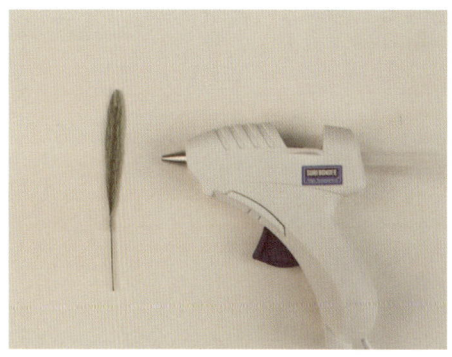

3. 잎의 가운데에 가는 철사(10cm)를 붙입니다.

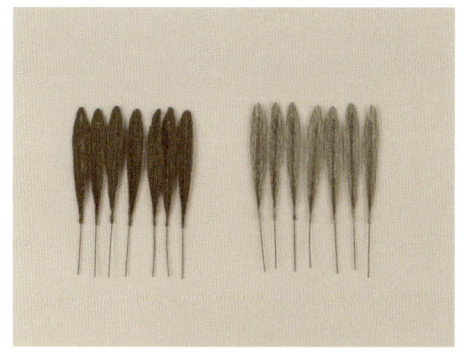

4. 모든 잎을 동일하게 준비해주세요.

5. 가운데가 뚱뚱한 잎 모양이 되도록 양 엄지손 가락으로 잡은 뒤 좌우로 폅니다. 모든 잎의 주름을 펴주세요.

6. 메인 줄기가 될 굵은 철사(25cm) 끝에 잎 1장을 덧대어 플로럴 테이프로 감아줍니다.

   tip 앞으로 계속해서 잎을 붙여나갈 건데요. 잎의 색은 두 가지가 골고루 섞이도록 자유롭게 선택하면 됩니다.

7. 6단계에서 붙인 잎에서 2cm 아래에 다시 잎 2장을 붙입니다. 사진처럼 위에서 봤을 때 4개의 잎이 십(十)자 모양이 되도록 붙이세요.

8. 이후엔 나머지 잎을 하나씩 더해가면서 플로럴 테이프로 고정해나가면 됩니다.

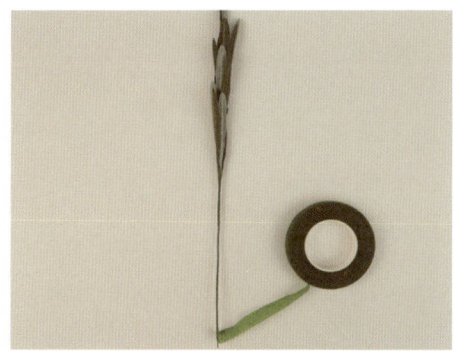

9. 줄기 끝까지 플로럴 테이프를 감아주세요.

10. 잎을 펼쳐서 완성합니다.

완성

올리브잎은 차분한 색상으로 편안한 느낌을 주기 때문에 어떤 꽃과 함께해도 조화롭습니다.

SPECIAL CLASS 1

플라워 디퓨저 스틱

페이퍼 플라워를 만들 때 줄기 부분에 철사 대신 디퓨저 전용 우드 스틱을 연결하면 예쁜 꽃이 달린 디퓨저 스틱을 만들 수 있어요. 디퓨저 전용 우드 스틱은 천 원숍에서도 쉽게 구입할 수 있답니다.

꽃과 디퓨저 스틱을 연결할 때는 글루를 살짝 묻혀 붙인 뒤 실로 돌돌 묶어서 고정해주면 됩니다. 집 안에 장식하면 인테리어 효과도 있고, 꽃말에 의미를 담아 선물하기에도 좋은 아이템이에요.

수국으로 만들었어요 (수국 만드는 법 178쪽)

수국처럼 꽃이 큰 편이라면 한 송이로만 스틱을 만들어 꽃아도 충분히 화려해 보여요. 단, 목련(38쪽)이나 작약(94쪽)처럼 꽃잎 한 장의 면적이 넓은 꽃은 디퓨저 용액이 스며들면서 꽃잎이 아래로 축 처질 수 있으니 책에서 소개한 것보다 조금 더 작은 사이즈로 만들어주세요.

골든볼로 만들었어요 (골든볼 만드는 법 34쪽)

작은 꽃은 2~3송이 정도로 스틱을 만들어야 허전해 보이지 않아요. 큰 꽃으로 만든 스틱이 우아하다면 작은 꽃으로 만든 스틱은 발랄하고 귀여운 느낌이죠. 골든볼 대신 데이지(76쪽)나 코스모스(142쪽)를 써도 잘 어울립니다.

caution

* 색이 진한 디퓨저 용액을 사용하면 용액이 우드 스틱을 타고 올라가는 과정에서 꽃의 색상이 변할 수 있습니다.
* 꽃을 너무 진한 색 주름지로 만들면 주름지 색상 때문에 우드 스틱이 물들 수 있습니다.

2

LUCKY FLOWER

Flower Note
여러 송이의 작은 꽃이 오밀조밀 한곳에 모여 있는 부바르디아입니다. 청초한 분위기와 은은한 향기가 매력적인 꽃이에요. 흰색 꽃이 대표적이지만 최근에는 빨간색, 보라색 등 짙은 색상의 부바르디아도 볼 수 있어요.

작은 꽃을 모아 부바르디아

부바르디아를 구성하는 작은 꽃들은 꽃잎이 4갈래로 갈라져 있어요. 그래서 꽃잎(A) 4장을 사각형 형태로 모아서 작은 꽃 한 송이를 만듭니다. 좀 더 풍성하게 만들고 싶다면 꽃잎(A)과 꽃받침(B)을 더 많이 재단해서 꽃의 수를 늘려주세요. 각각의 작은 꽃을 만든 뒤 플로럴 테이프로 줄기를 하나로 묶어서 고정하면 완성됩니다.

준비물	주름지, 굵은 철사 25cm 1개, 굵은 철사 10cm 5개, 가는 철사 10cm 2개, 롱노우즈, 가위, 글루건, 플로럴 테이프
주름지 컬러	흰색, 풀색
난이도	**
소요 시간	10분(작은 꽃 한 송이)
실물 도안	207쪽

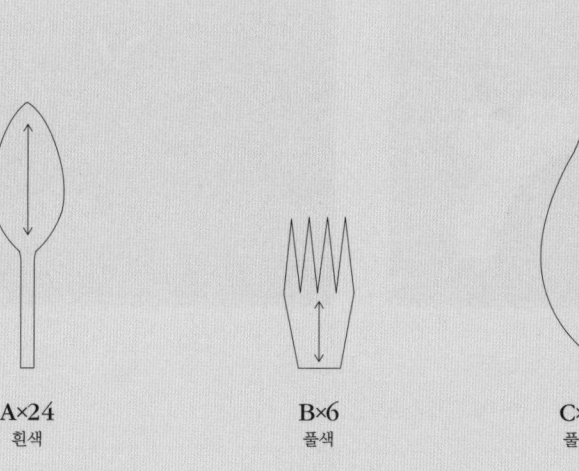

A×24
흰색

B×6
풀색

C×4
풀색

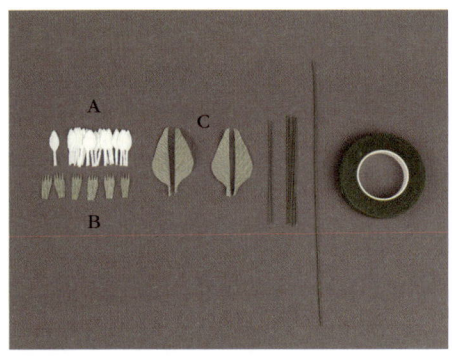

1. 꽃잎 A 24장, 꽃받침 B 6장, 잎 C 4장을 재단합니다.

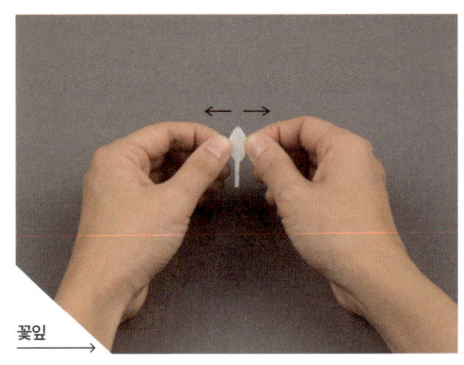

2. 꽃잎 A의 가운데를 양 엄지손가락으로 잡고 주름을 좌우로 펴주세요.(꽃잎 기본 펴기 18쪽)

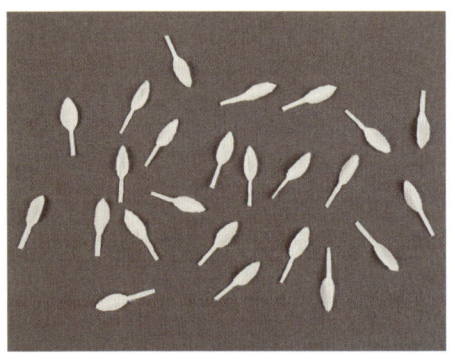

3. 모든 꽃잎의 주름을 같은 방법으로 폅니다.

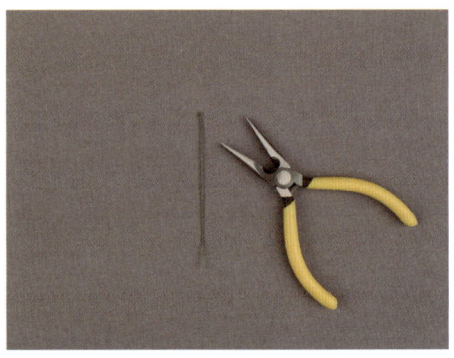

4. 굵은 철사(10cm) 끝을 9자 형태로 구부려줍니다. 철사 면적이 넓어져서 작은 꽃잎을 붙여도 미끄러지지 않아요.

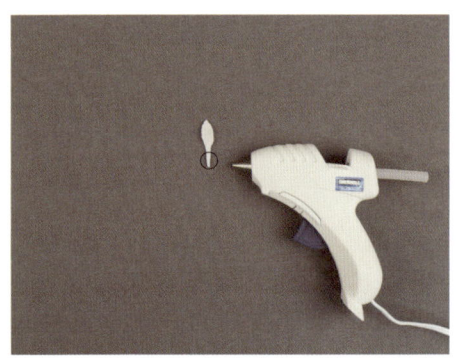

5. 꽃잎 끝에 글루를 묻힙니다.

    tip 주름을 펼 때와 반대 방향으로 꽃잎을 뒤집은 뒤 글루를 묻힙니다. 6단계 사진처럼 꽃잎끼리 등을 맞댄 모습으로 붙일 거예요.

6. 먼저 꽃잎 2장이 등을 맞대도록 4단계에서 만든 철사에 붙여주세요.

7. 십(+)자 형태가 되도록 나머지 꽃잎 2장도 붙입니다.

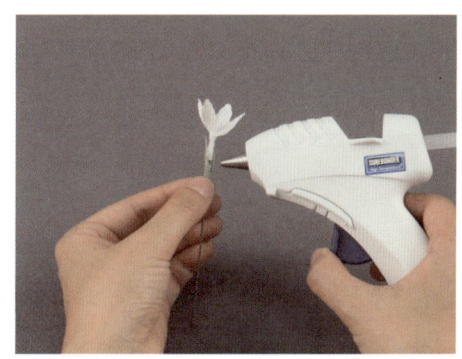

8. 꽃받침 B 하단에 글루를 묻혀 붙입니다.

9. 작은 꽃 한 송이가 완성되었습니다.

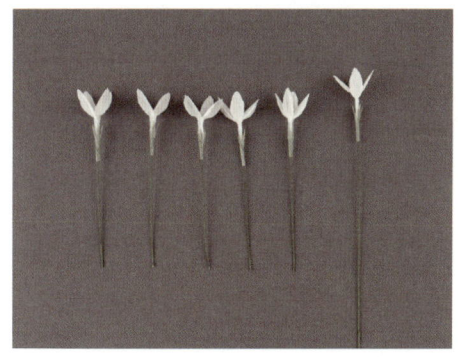

10. 굵은 철사(10cm) 4개와 굵은 철사(25cm) 1개에도 같은 방법으로 꽃을 만듭니다. 꽃의 개수는 취향에 따라 가감해주세요.

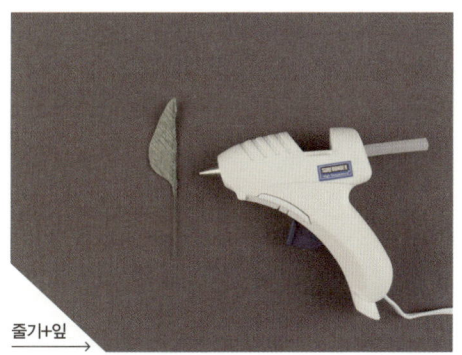

11. 잎 반쪽에 글루를 묻힌 뒤 사진처럼 가는 철사(10cm)를 붙이세요.

12. 철사 위에 나머지 잎을 덧붙입니다. 잎맥이 V 모양이 되도록 주름지 결을 맞추세요.

tip 양쪽 잎이 잘 붙도록 손으로 잘 눌러주세요.

13. 굵은 철사(10cm)로 만든 꽃의 꽃받침이 끝나는 부분부터 플로럴 테이프를 감습니다.

14. 굵은 철사(10cm)로 만든 꽃 나머지 4개에도 똑같이 플로럴 테이프를 감습니다.

15. 굵은 철사(25cm)로 만든 꽃은 위에서부터 10cm 정도만 감아주세요.

16. 만든 꽃을 모두 모아서 한손에 잡습니다.

17. 플로럴 테이프로 한두 번 감아서 꽃들을 하나로 고정합니다.

18. 잎 2장을 사진처럼 마주 보게 배치한 뒤 플로럴 테이프로 감으세요.

19. 철사 끝까지 플로럴 테이프로 감습니다.

20. 잎을 펼쳐주세요.

21. 꽃들도 잘 펴서 풍성하게 표현해보세요.

완성
6개의 작은 꽃이 모인 부바르디아입니다. 10개 이상에도 도전해보세요.

Flower Note
데이지는 국화과의 꽃으로, 가운데 계란 노른자처럼 동그랗게 솟아 있는 수술이 가장 먼저 눈에 들어옵니다. 꽃은 흰색, 진한 분홍색 등이 있어요. 공원이나 화단에서 흔하게 볼 수 있는 꽃이지요. 꽃말은 '순수'입니다.

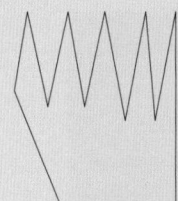

꽃의 기본
데이지

데이지는 노랗고 동그란 수술을 하얀 꽃잎이 감싸고 있습니다. 먼저 노란 수술(A)을 철사에 돌돌 맙니다. 이어서 수술 주변으로 하얀 꽃잎(B)을 스커트처럼 둘러주면 됩니다. 꽃잎이 비어 보이는 자리에는 추가 꽃잎(C)으로 채워주세요. 비슷한 모양의 들꽃이 많아서 도안의 크기만 크고 작게 변형해도 다양한 꽃으로 응용할 수 있어요.

준비물	주름지, 굵은 철사 25cm 1개, 가위, 글루건
주름지 컬러	노란색, 흰색, 풀색
난이도	✽
소요 시간	10분
실물 도안	209쪽

D×1
풀색

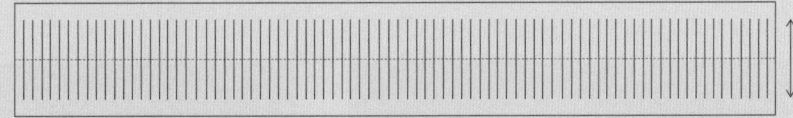

A×1
노란색

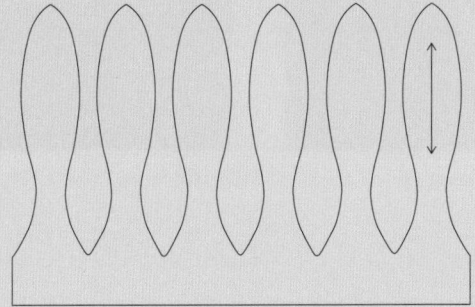

B×2
흰색

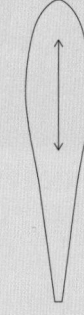

C×2
흰색

2.5×25cm

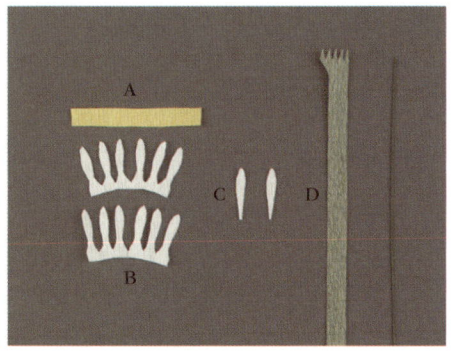 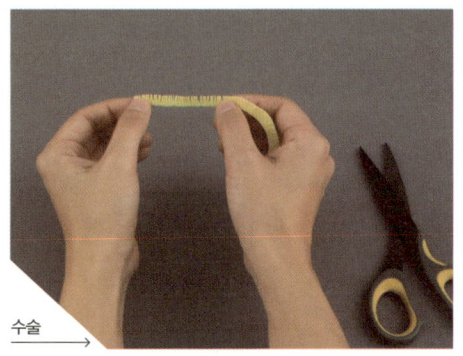

1. 수술 A 1장, 꽃잎 B 2장, C 2장, 줄기 D 1장을 재단합니다.

2. 수술이 될 A를 가로 방향으로 반을 접어 1mm 간격으로 가위질합니다.

 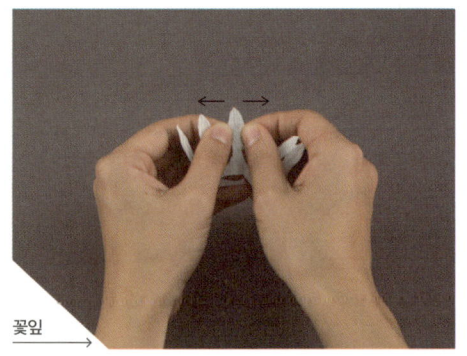

3. A 하단에 글루를 묻히고 철사에 돌돌 말아줍니다. 마지막 부분을 감을 때는 살짝 아래 방향 사선으로 감으세요.
   tip 수술을 엄지손가락으로 뭉개주면 더 자연스러워요.

4. B의 꽃잎을 하나씩 양쪽 엄지손가락으로 잡은 뒤 좌우로 폅니다. (꽃잎 기본 펴기 18쪽)

5. B 2장, C 2장을 같은 방법으로 폅니다.

6. B 하단에 글루를 묻힌 뒤, 수술 주변으로 감아줍니다.

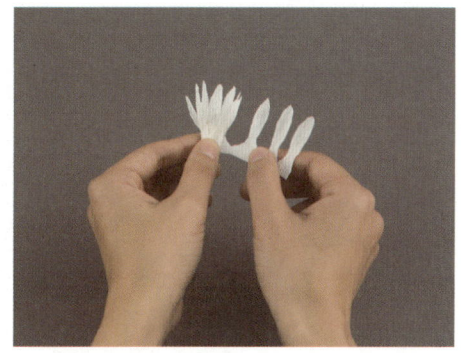

7. 6장의 꽃잎이 수술을 한 바퀴 감싸도록 꽃잎의 위치를 잡으면서 붙이세요.
   tip 꽃잎 아랫부분이 조금 쭈글쭈글하게 겹쳐져도 나중에 꽃받침으로 가려질 테니까 걱정하지 마세요.

8. 그 위에 B 1장을 덧붙입니다. 꽃잎이 비어 있는 부분을 채우도록 자리 잡으면서 붙이세요.
   tip 꽃잎 하단의 주름을 살짝 당기면서 위치를 맞추면 됩니다.

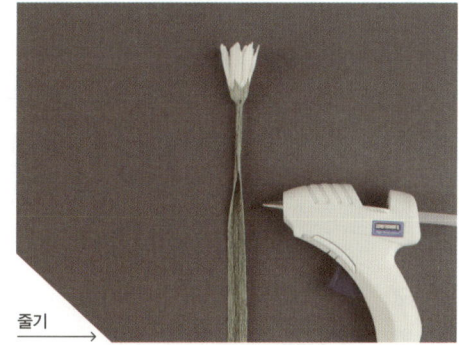

9. 꽃잎이 비어 보이는 곳에 꽃잎 C 2장을 보충해 줍니다.

10. 꽃받침 부분부터 시작해서 끝까지 줄기를 붙입니다.
    tip 꽃받침 부분은 살짝 좌우로 주름을 편 뒤에 붙이세요.

줄기

완성

꽃잎을 한 장씩 바깥쪽으로 펼쳐서 완성합니다.

Flower Note
튤립은 특유의 생김새 때문에 누구나 이름을 정확히 알고 있는 꽃이지요. 겨울이면 꽃집에서 자주 볼 수 있습니다. 더운 곳에 두면 금방 꽃이 벌어지기 때문에 시원한 곳에 장식하는 것이 좋아요. 다양한 컬러의 꽃이 있는데, 그중에서도 우리가 만들어볼 노란 튤립은 '당신의 미소에서 햇살이 느껴집니다'라는 예쁜 꽃말을 가지고 있습니다.

종이를 비틀어 튤립

튤립은 길게 뻗은 잎과 도톰한 꽃잎 때문에 고급스러운 느낌이 나는데요. 암술(A)과 수술(B)을 만들고, 도톰한 꽃잎(C)은 주름지를 두 겹으로 겹쳐서 표현할 거예요. 도안만 보고 만드는 과정을 상상하기가 쉽지 않을 거예요. 대신 도안이 복잡하지 않기 때문에 재단 스트레스가 적은 꽃입니다. '비틀기' 기법이 처음 등장했기 때문에 단계를 세부적으로 나누어 자세히 설명했습니다.

준비물 주름지, 굵은 철사 27cm 1개, 가는 철사 17cm 2개, 스티로폼볼(지름 1.5cm), 롱노우즈, 가위, 글루건, 연두색 마커
주름지 컬러 노란색, 연두색
난이도 ★★
소요 시간 30분
실물 도안 211쪽

C×3 노란색

D×1 연두색

E×2 연두색

B×1 노란색

A×1 노란색

2×25cm   1.5×25.5cm

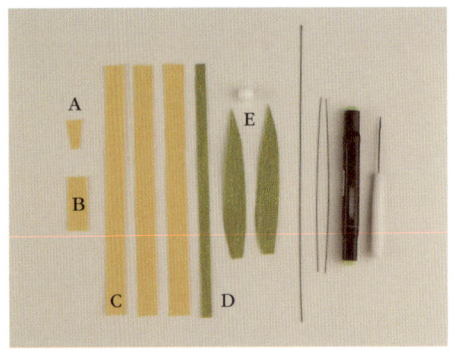

1. 암술 A 1장, 수술 B 1장, 꽃잎 C 3장, 줄기 D 1장, 잎 E 2장을 재단합니다.

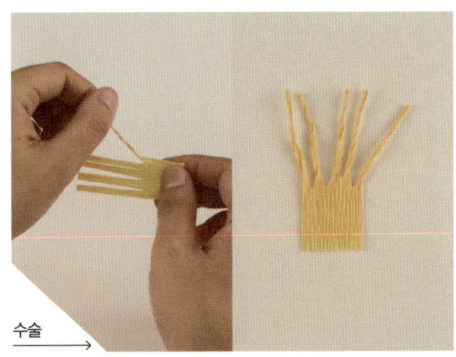

2. B를 도안에 표시된 재단선에 맞게 자른 후 한 가닥씩 잡아서 손으로 비비 꼬아주세요.

3. 한 가닥씩 매듭을 지을 거예요. 생각보다 쉽게 찢기지 않는 종이니까 끈으로 매듭 지을 때처럼 편하게 묶으면 돼요.

   tip 묶인 지점이 오르락내리락하지 않도록 주의합니다.

4. 가위를 매듭 끝에 바짝 대고 잘라내세요.

5. 롱노우즈로 굵은 철사(27cm) 끝을 9자 형태로 구부려줍니다.

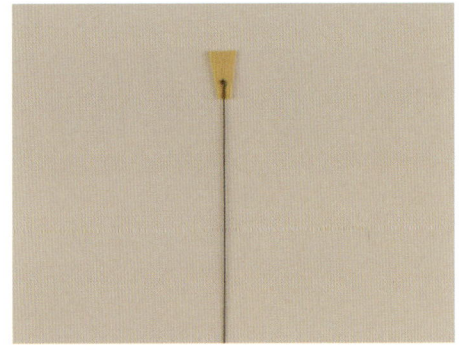

6. A를 5단계에서 만든 굵은 철사 끝에 사진처럼 글루로 붙입니다.

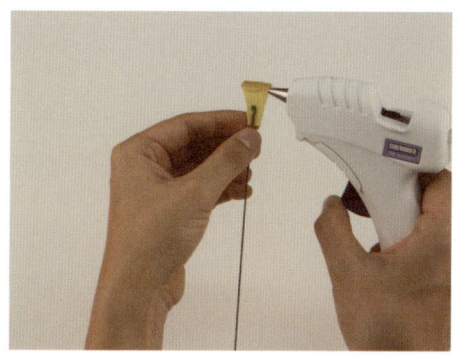

7. A의 상단 가장자리에 살짝 글루를 묻히세요.

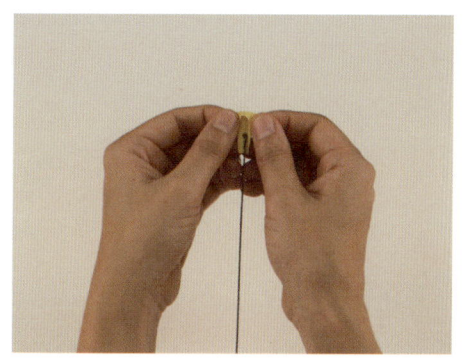

8. A 위쪽을 0.5cm 정도 접으세요.

9. 글루가 굳기 전에 A 양쪽을 잡고 가운데 방향으로 살짝 밀어주세요. 위에서 봤을 때 삼각형 모양이 됩니다.

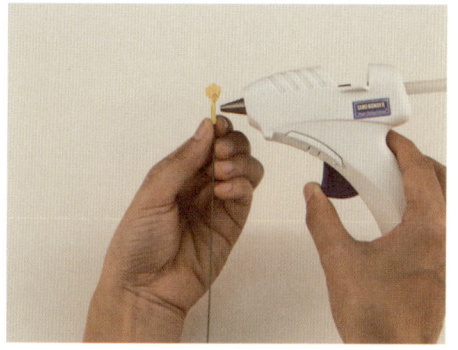

10. 아랫부분에도 글루를 살짝 묻혀서 깔끔하게 모아줍니다.

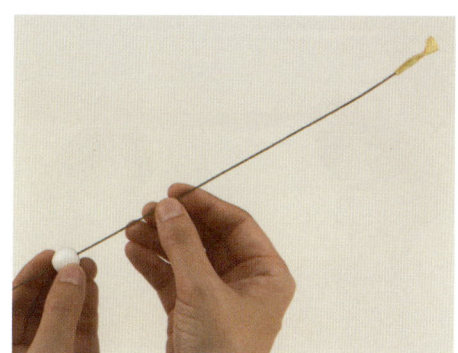

11. 스티로폼볼을 철사 아래쪽에서부터 위로 꽂으세요.

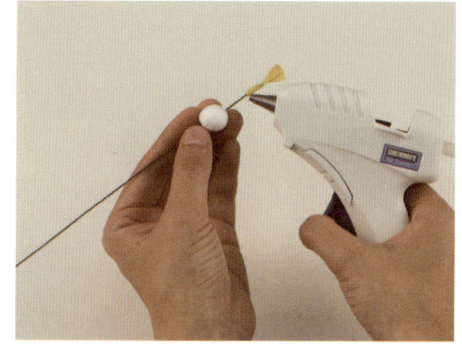

12. A 하단에 살짝 글루를 묻힌 뒤 스티로폼볼을 위로 올려서 고정합니다.

   tip 스티로폼은 열에 약합니다. 글루건이 스티로폼볼에 닿으면 녹을 수 있으니 주의하세요.

13. 수술 B의 가운데를 좌우로 세게 당겨 주름을 완전히 폅니다.

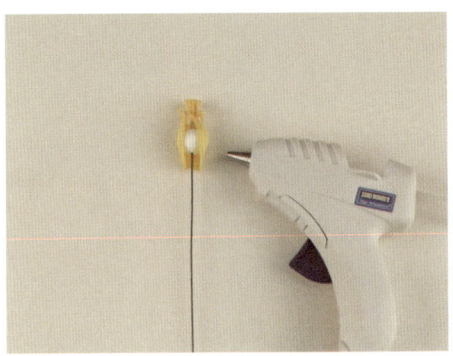

14. B로 스티로폼볼을 감싸듯이 붙이세요. 꼭 사탕 모양 같을 거예요.

15. C를 반으로 접은 뒤 한가운데에 송곳으로 철사가 관통할 정도의 구멍을 만듭니다.

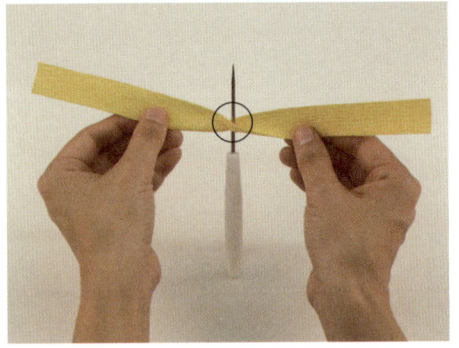

16. 송곳을 가운데 둔 채로 C 양쪽을 잡고 한 번 비틉니다.

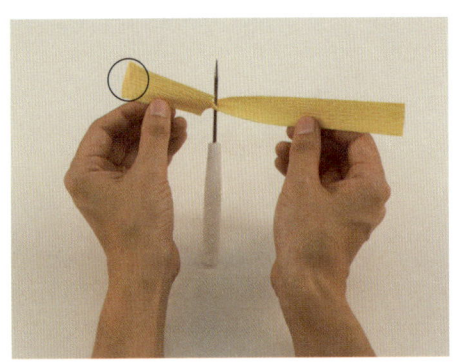

17. 그 상태에서 왼쪽을 다시 반 접으세요. 중심을 확인하기 위해서 송곳은 빼지 않고 진행할게요.

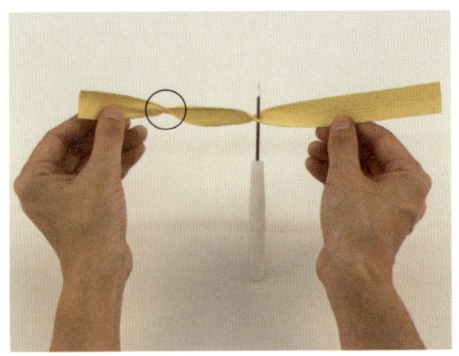

18. 방금 접은 부분을 펼쳐서 한 번 비틀어줍니다.

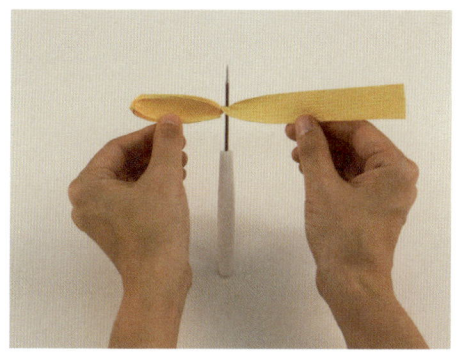

19. 비튼 상태에서 송곳 쪽으로 반 접고, 완전히 두 겹으로 포개지도록 잘 겹쳐주세요.

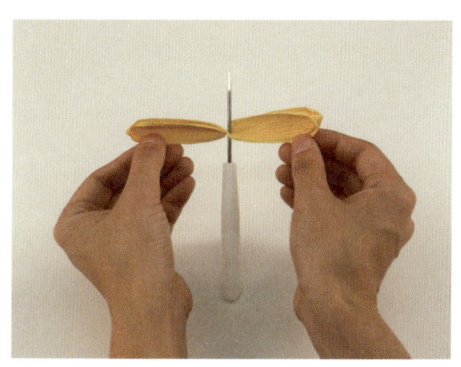

20. 같은 방법으로 오른쪽도 만들어주세요. 나비넥타이 모양처럼 됩니다.

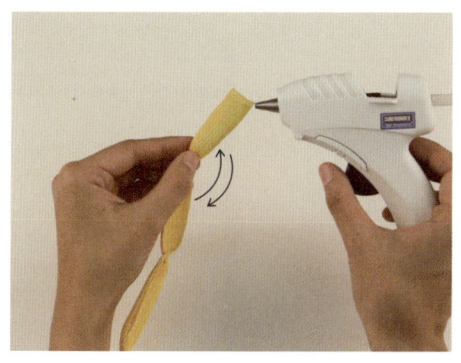

21. 송곳을 빼고, 두 겹으로 겹쳤던 꽃잎을 다시 펴서, 글루를 살짝 묻히고 다시 겹쳐줍니다. 반대쪽도 같은 방법으로 고정합니다.

22. 나머지 C 2장도 15~21단계대로 준비합니다.

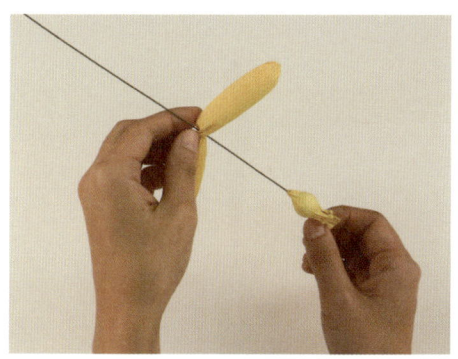

23. 이제 꽃잎을 하나씩 철사에 끼워주세요.

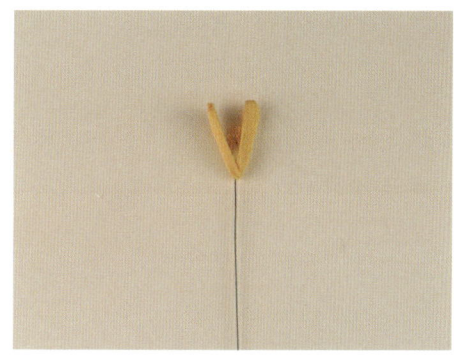

24. 수술 아래쪽에 글루를 묻힌 뒤 끼운 꽃잎을 고정시키세요.

25. 꽃잎 하단에 손가락을 넣어서 좌우로 주름을 쫙 펴세요. 아랫부분이 뚱뚱한 튤립의 꽃잎 모양을 만듭니다.

26. 나머지 2장의 꽃잎도 같은 방식으로 한 장씩 끼웁니다. 3장의 꽃잎이 별 모양이 되도록 붙인다고 생각하면 돼요.

27. 사이사이가 벌어지지 않도록 꽃잎이 겹쳐지는 부분에 글루를 소량 묻혀서 고정시키세요.

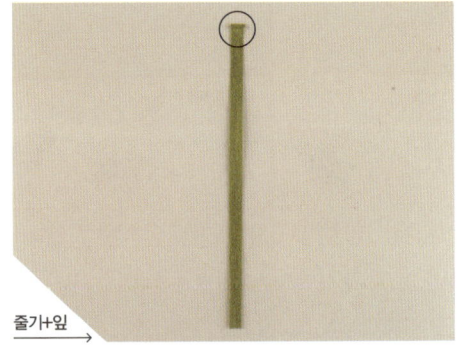

28. 줄기가 될 D의 상단을 0.5cm 정도 접습니다. 위를 살짝 접어서 줄기를 붙이면 꽃과 줄기가 연결되는 부분의 통통한 느낌이 살아나요.

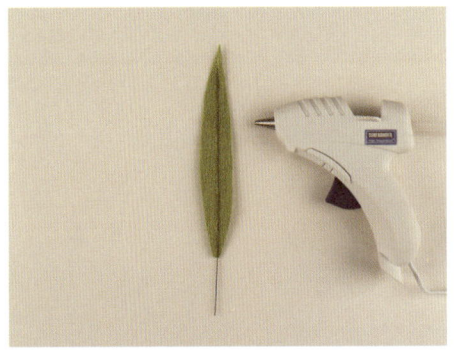

29. 잎 E에 가는 철사(17cm)를 붙이세요. 가는 철사를 쓰면 잎맥 느낌도 나고 잎이 더 부드러워 보여요.

30. 잎 하단에 글루를 약간만 묻혀 양쪽 잎을 사진처럼 오므립니다.

31. 줄기에 사선으로 가위집을 냅니다.

32. 양쪽에 잎을 꽂고 글루로 고정합니다.
> tip 실제 튤립처럼 잎이 바깥쪽으로 말리도록 모양을 잡으세요.

33. 연두색 마커로 꽃 하단을 살짝 칠하면 조금 덜 핀 튤립처럼 표현할 수 있어요.

완성
긴 과정을 따라오느라 애쓰셨어요. 드디어 예쁜 튤립이 완성되었습니다.

Flower Note

아이리스라는 이름은 그리스 신화의 무지개 여신 '이리스'에서 유래했다고 해요. 보라색 꽃과 뾰족하고 곧게 뻗은 잎의 조화가 동양적인 느낌을 자아내기도 합니다. '당신에게 전달할 좋은 소식이 있어요.'라는 기분 좋은 꽃말을 가지고 있어요.

너풀너풀 아이리스

아이리스는 모양이 특이하죠. 가운데 3장의 작은 꽃잎(A)이 있고, 바깥쪽으로 너풀거리는 커다란 꽃잎(B) 3장이 있어요. 총 6장의 꽃잎은 반으로 접어서 한쪽 가장자리에 글루로 붙인 뒤, 주머니를 뒤집듯이 반대쪽으로 뒤집어서 모양을 냅니다. 이렇게 하면 평면이었던 꽃잎이 입체적으로 피어나요. 꽃잎 상단은 비틀듯이 주름을 펴서 과장된 곡선을 만들어줍니다.

준비물	주름지, 굵은 철사 27cm 1개, 가위, 글루건
주름지 컬러	연보라색, 녹색
난이도	✱
소요 시간	20분
실물 도안	213쪽

A×3 연보라색

B×3 연보라색

C×1 녹색

D×2 녹색

1×25.5cm

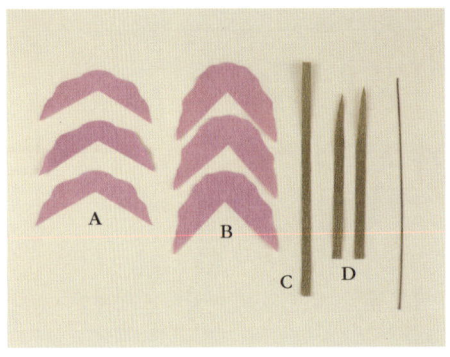

1. 꽃잎 A 3장, B 3장, 줄기 C 1장, 잎 D 2장을 재단합니다.

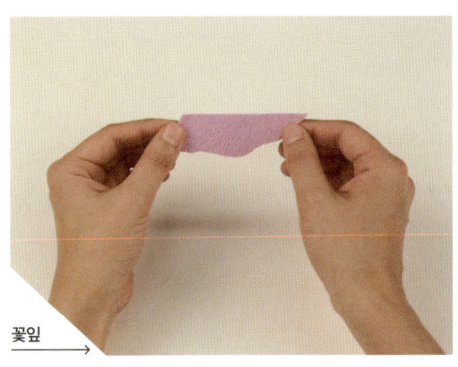

2. 꽃잎 A를 사진처럼 반으로 접습니다.

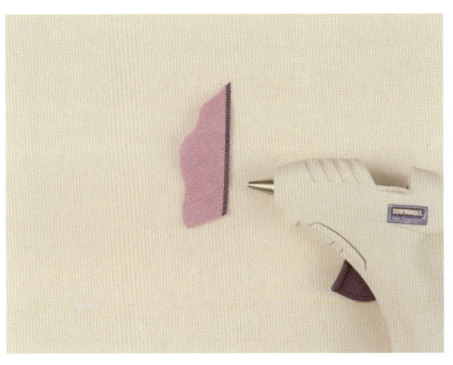

3. 사진에 표시된 부분에 글루를 살짝 묻힌 뒤, 글루가 굳기 전에 손으로 꾹꾹 눌러 붙입니다.
   tip 글루가 뜨거울 수 있으니 조심하세요!

4. 글루가 마르면 꽃잎을 바깥으로 뒤집어주세요.

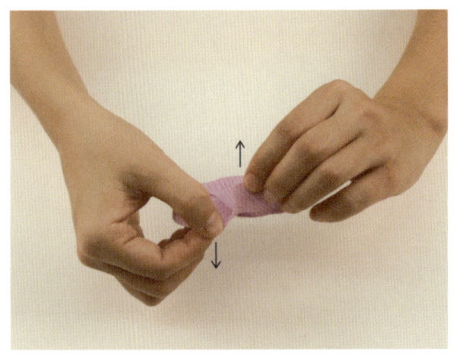

5. 꽃잎 가장자리는 양손으로 살짝 비틀어서 너풀거림을 표현합니다.
   tip 찢어지기 쉬운 부분이니까 너무 힘주어 비틀지는 마세요.

6. A와 B 꽃잎 모두 2~5단계대로 만듭니다.

7. 꽃잎 A 끝에 글루를 묻힌 뒤 철사를 감싸듯 붙여주세요.

8. 나머지 A 2장을 더해 삼각형 형태로 붙이세요. 먼저 붙인 꽃잎을 뒤에서 감싼다는 느낌으로 붙이면 됩니다.

9. 큰 꽃잎 B를 먼저 붙인 A 사이사이에 붙입니다.

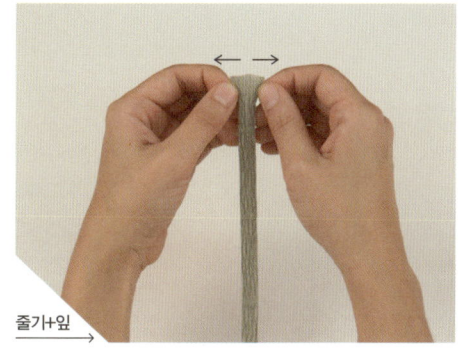

10. 줄기 C의 윗부분 주름을 폅니다.

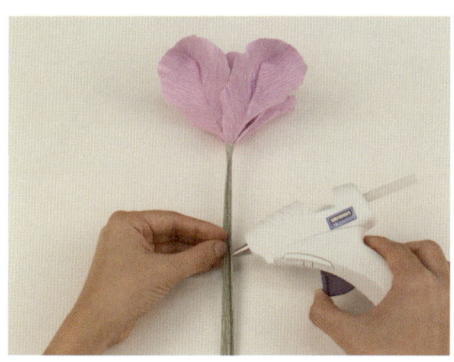

11. 위에서부터 시작해 C 전체를 붙여줍니다.

12. 잎이 될 D 하단부를 아주 약간만 접으세요.

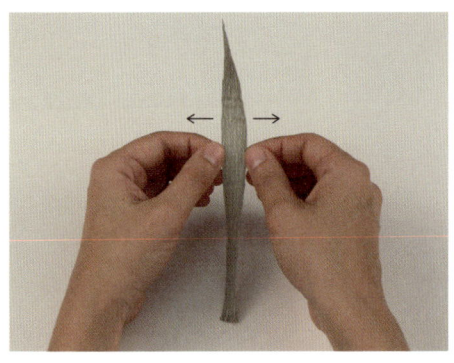

13. 잎 가운데 부분을 잡고 양쪽으로 주름을 펼치세요.

14. 잎 하단에 글루를 묻혀 줄기를 감싸듯 차례로 한 장씩 붙입니다.

완성
아이리스는 화려하고 존재감이 강하기 때문에 꽃병에 한 송이만 꽂아두어도 멋집니다.

Flower Note

작약의 꽃말은 '수줍음'입니다. 여러 겹의 꽃잎 속에 수술이 부끄럼쟁이처럼 숨어 있어요. 꽃의 생김새가 '모란'과 비슷해서 헷갈려 하시는 분들이 많은데요. 모란은 나무랍니다. 또 잎에 광택이 있다면 작약일 확률이 높아요.

수술이 화려한 작약

작약은 겹겹이 싸인 꽃잎에 눈이 먼저 가는데요. 자세히 들여다 보면 꽃잎 안쪽에 있는 암술과 수술이 훨씬 더 화려해요. 암술(A) 주위로 가늘게 채 썬 수술(B)을 두를 거예요. 수술에는 주황색 마커로 부분적으로 채색을 해서 화려함을 더해줍니다. 그 뒤엔 크기와 모양이 다른 꽃잎(C, D, E)을 겹겹이 쌓아나가는데요. C와 D를 섞어가면서 붙여 자연스러운 느낌을 살리고, 마지막에 가장 큰 꽃잎(E)으로 감싸서 마무리합니다.

준비물	주름지, 굵은 철사 27cm 1개, 가는 철사 10cm 2개, 주황색 마커, 가위, 글루건
주름지 컬러	노란색, 분홍색, 풀색
난이도	**
소요 시간	20분
실물 도안	215쪽

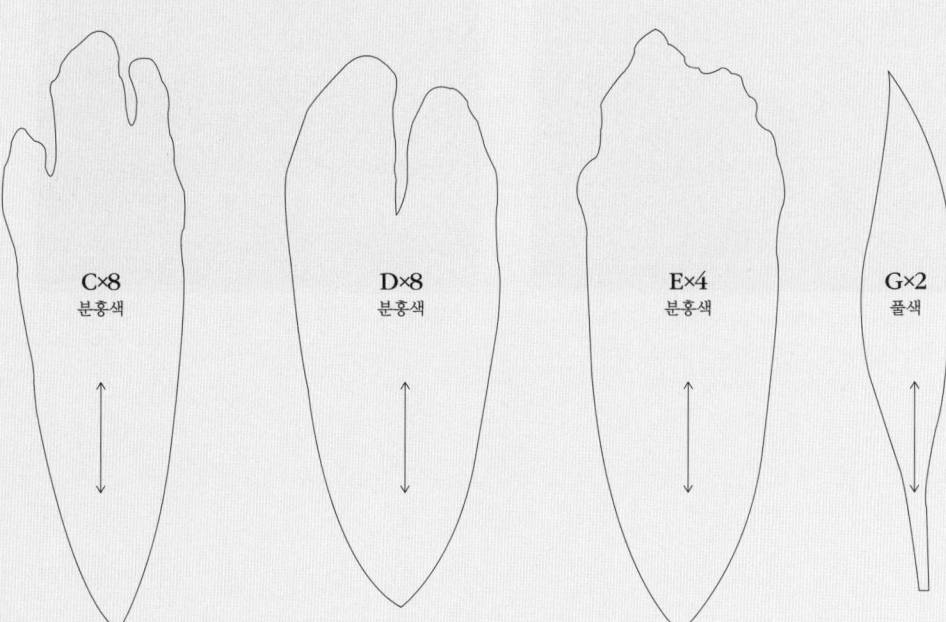

F×1 풀색 2.5×30cm

B×1 노란색

A×1 노란색

C×8 분홍색

D×8 분홍색

E×4 분홍색

G×2 풀색

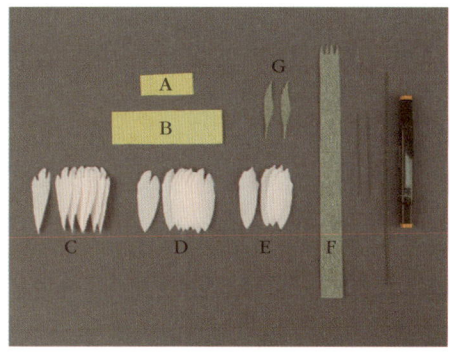

1. 암술 A 1장, 수술 B 1장, 꽃잎 C 8장, D 8장, E 4장, 줄기 F 1장, 잎 G 2장을 재단합니다.

2. 재단하고 남은 노란색 주름지를 사진처럼 약간만 잘라서, 손으로 꼬깃꼬깃 뭉쳐주세요. 작은 뭉치 5개를 만듭니다.
   tip 스티로폼이나 휴지를 작게 뭉쳐도 돼요.

3. 도안대로 자른 A를 한 면씩 잡고 양쪽으로 펼칩니다.

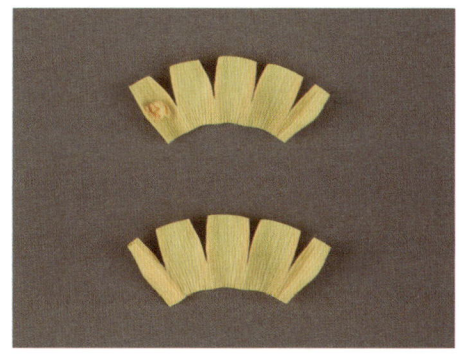

4. 2단계에서 만든 작은 뭉치를 A에 올려놓고, 사진처럼 감싼 후 글루로 붙여서 암술 모양을 만듭니다.
   tip 위쪽 끝은 손으로 살짝 비틀어줍니다.

5. 남아 있는 4개의 작은 뭉치도 각각 하나씩 올려놓고 4단계와 같은 방법으로 암술 모양을 만들어주세요.

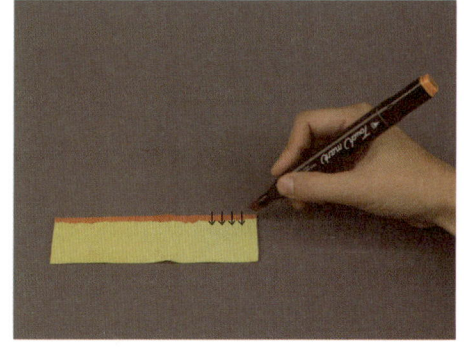

6. 주황색 마커로 노란색 수술 B의 끝 부분을 채색합니다.
   tip 가로가 아니라 세로 방향으로 채색해야 더 자연스러운 느낌이 납니다.

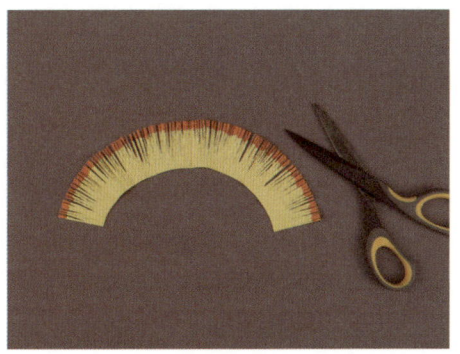

7. 채색한 쪽을 1~2mm 간격으로 가늘게 가위질합니다.

8. 그리고 엄지와 검지로 비벼서 꼬아줍니다. 끝부분을 자연스럽게 하는 것이 목적이니 너무 정교하게 꼬지 않아도 돼요.

9. 암술을 굵은 철사(27cm) 끝에 말아서 글루로 붙여주세요.

10. 수술 B 하단에 글루를 묻힌 뒤, 9단계에서 만든 암술 위에 감아 붙입니다.

11. 꽃잎의 가운데 부분을 양 엄지손가락으로 잡고 좌우로 쫙 펼쳐줍니다. 주름이 거의 없어질 때까지 최대한 펴주세요.

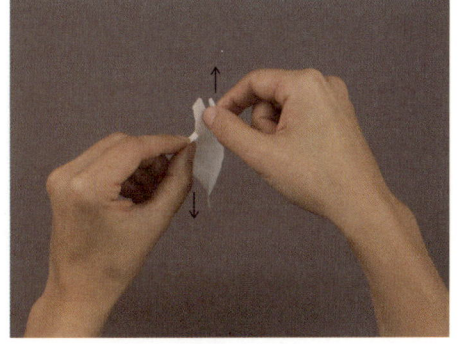

12. 꽃잎 상단 부분은 양손으로 살짝 비틀어서 물결 모양을 만들어줍니다. C, D, E 꽃잎 모두 같은 방법으로 만들어주세요.

tip 재단된 꽃잎 모양은 각각 다르지만 펴는 방법은 똑같습니다.

13. C 3장, D 3장을 준비하고, C와 D를 하나씩 번갈아가면서 붙여주세요.

14. 꽃잎 가장자리가 살짝살짝 겹쳐진다는 느낌으로 붙이면 됩니다.

15. C 2장, D 3장을 덧붙일 건데요. 이때 첫 번째로 붙일 꽃잎이 앞서 붙인 꽃잎의 사이에 오도록 위치를 잡는 게 중요해요.

16. 첫 1장만 자리를 잘 잡으면 나머지는 편하게 붙여도 어색하지 않아요. C와 D를 한 장씩 번갈아가면서 붙입니다.

17. 동일한 방법으로 C 3장, D 2장 총 5장을 번갈아가며 한 번 더 덧붙입니다.

18. 이제 마지막이에요! E 4장으로 지금까지 붙인 꽃잎들을 감싸줍니다.

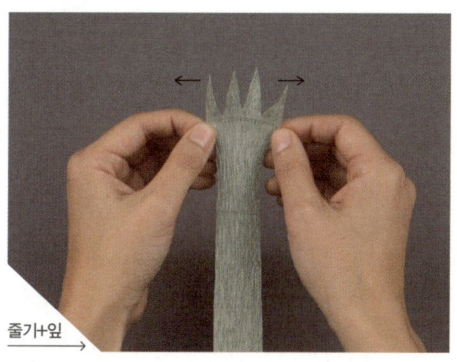

줄가+잎 →

19. F의 꽃받침 부분 주름을 양쪽으로 펼쳐주세요.

20. 꽃받침을 먼저 붙인 후 줄기를 붙입니다.

tip 꽃받침 끝은 글루를 묻히지 않고 사진처럼 남겨주세요.

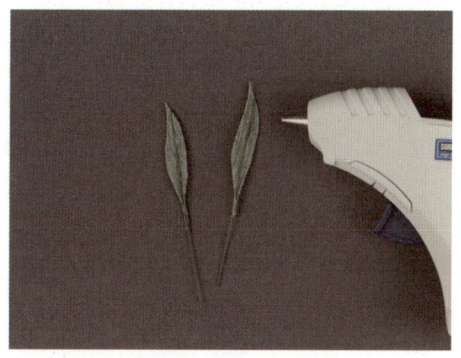

21. 잎에 가는 철사(10cm)를 붙입니다.

22. 위에서 5cm, 6cm 지점에 가위집을 내고, 잎을 그 자리에 꽂아서 글루로 고정합니다.

완성

꽃잎을 펼 때 끝만 잡아당기지 말고 꽃잎 사이로 손을 깊숙이 넣어서 펴세요.

Flower Note

'기다림'이라는 꽃말을 가진 해바라기를 주변에 두면 좋은 일이 생길 것 같은 느낌이에요. 여름 이미지가 강하지만 1년 내내 어느 때나 쉽게 구입할 수 있는 꽃입니다.

C×1
노란색

큰 꽃을 원할 때
해바라기

해바라기는 다른 꽃에 비해 사이즈가 커서 조금 더 시간이 걸리지만, 만드는 과정이 복잡하지는 않습니다. 가장 큰 면적을 차지하는 갈색 씨앗(A, B)부터 만들어줄 건데요. 특히 A와 B는 해바라기 씨의 뾰족한 느낌을 살리기 위해 붙이기 전에 작업을 해줍니다. 그리고 씨앗 주변으로 꽃잎(C)을 감아주세요. 감싸야 할 꽃이 크기 때문에 다른 꽃에 비해 꽃받침(E)도 큽니다.

준비물	주름지, 굵은 철사 27cm 1개, 검정색 마커, 주황색 마커, 롱노우즈, 가위, 글루건
주름지 컬러	갈색, 노란색, 풀색
난이도	★★
소요 시간	40분
실물 도안	217, 219쪽

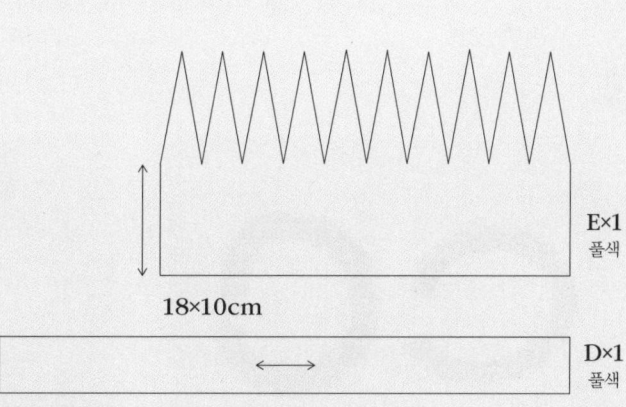

E×1
풀색

18×10cm

D×1
풀색

25×2.5cm

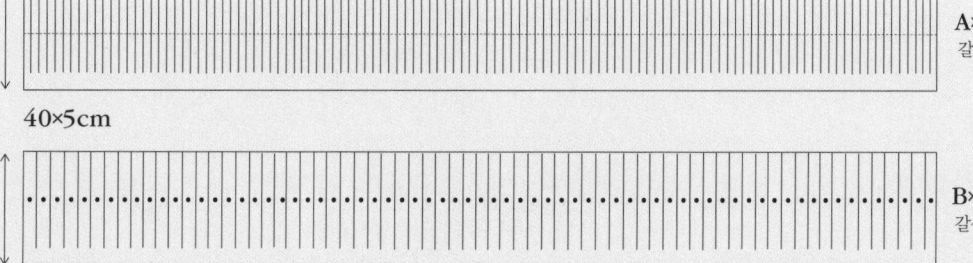

A×1
갈색

40×5cm

B×2
갈색

40×5cm

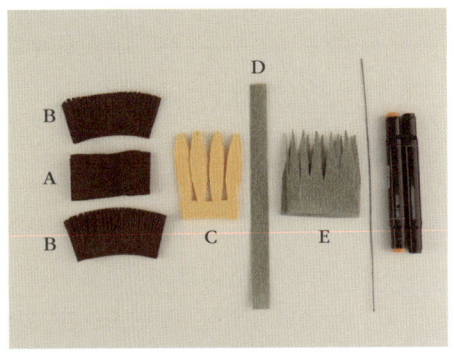

1. 씨앗 A 1장, B 2장, 꽃잎 C 1장, 줄기 D 1장, 꽃받침 E 1장을 재단합니다.

2. A를 가로 방향으로 반 접은 뒤, 1mm 간격으로 가위질합니다.

3. B를 한 가닥씩 잡고 위에서 2.5cm 지점을 두 번 비틀어주세요.

4. 끝 부분에 글루를 아주 살짝 묻힌 뒤 아래로 반 접어 고정합니다.

5. B 2장을 3~4단계대로 준비합니다.

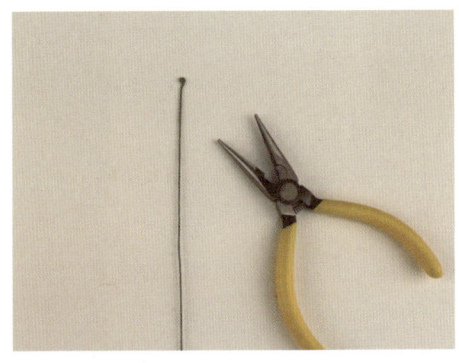

6. 굵은 철사 끝을 롱노우즈를 이용해 9자로 구부려주세요.

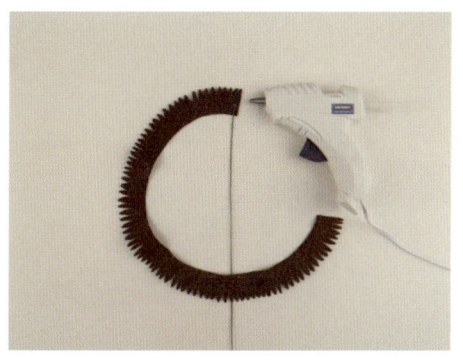

7. A 하단에 글루를 조금씩 묻혀가면서 철사에 감아 말아줍니다.

8. 느슨하게 감지 말고, 손으로 여러 번 누르면서 단단하게 붙여주세요.

9. 동일하게 B 2장을 순서대로 감아 붙입니다.

10. 해바라기 씨앗의 가운데 부분만 검정색 마커로 칠해주세요.

    tip 처음부터 검정색 주름지를 써도 되지만, 검정색은 구하기 어렵더라고요. 그래서 저는 주로 마커를 이용한답니다.

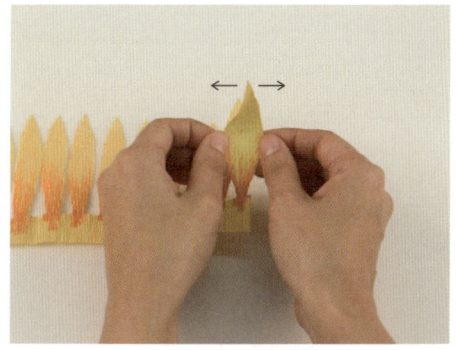

11. C의 하단에 주황색 마커를 칠해주세요. 처음에 힘을 줬다가 힘을 살짝 빼면서 칠하면 자연스럽게 그라데이션 됩니다.

12. 꽃잎을 한 장씩 잡아서 가운데 부분의 주름을 좌우로 펴줍니다. (꽃잎 기본 펴기 18쪽)

13. 씨앗 위에 꽃잎을 글루를 사용해 붙여나가기 시작합니다. 어느 정도 높이에 붙여야 할지는 사진을 참고해주세요.

14. 꽃잎이 사이사이 들어갈 수 있게 위치를 맞추며 감아나갑니다.

15. 꽃잎을 다 감은 모습입니다.

16. 위에서부터 아래로 줄기 D를 철사에 붙여나갑니다.

17. 꽃받침 E는 꽃잎을 펴듯이 가운데 부분을 좌우로 펴줍니다.

18. 꽃받침은 사진처럼 꽃잎과 꽃받침이 갈라지는 지점이 일직선이 되도록 위치를 맞춰서 붙여주세요.

19. 갈색 씨앗 아래쪽에 글루를 묻힙니다. 전체 다 묻히면 글루가 굳을 수 있으니 먼저 반만 묻혀 주세요.

20. 꽃받침을 손가락으로 꾹 눌러서 붙여줍니다.
tip 글루가 굳을 때까지 꾹 누른 채로 잠시 기다려주세요.

21. 꽃받침 반대쪽도 같은 방법으로 붙여주세요.

22. 꽃받침과 꽃잎을 바깥쪽으로 펴서 완성합니다.

완성
더 작거나 더 큰 해바라기도 만들어보세요.

Flower Note
호주가 원산지인 유칼립투스는 회색빛이 감도는 잎의 색깔이 독특합니다. 잎이 오래 가고, 자연스럽게 마르도록 두면 드라이 플라워가 됩니다. 주변에 두면 코가 시원해지는 듯한 청량한 향이 은은하게 퍼질 거예요.

줄기에 잎이 달린 유칼립투스

여러 종류의 유칼립투스 중에서도 베이비 블루(baby blue)라는 종을 만들어볼 거예요. 가지를 중심으로 작고 둥근 잎들이 매달려 있는 베이비 블루는 가지에서 바로 잎이 나는 듯한 모습이 독특하죠. 반쪽씩 재단한 잎(A)을 2장씩 맞붙여 하나의 잎을 만듭니다. 그리고 플로럴 테이프로 철사에 잎들을 순차적으로 더하면서 감아나가면 됩니다.

준비물	주름지, 굵은 철사 30cm 1개, 가는 철사 5cm 14개, 롱노우즈, 가위, 글루건, 플로럴 테이프
주름지 컬러	풀색
난이도	✽
소요 시간	10분
실물 도안	207쪽

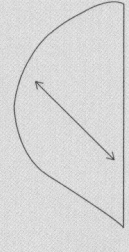

A×30
풀색

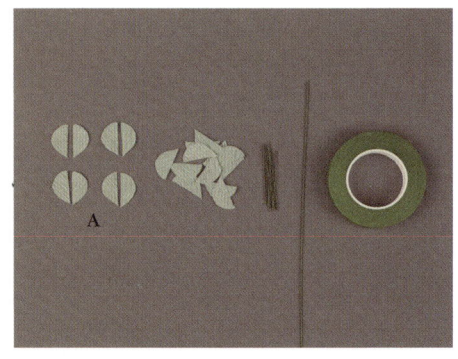

1. A 30장을 재단합니다.

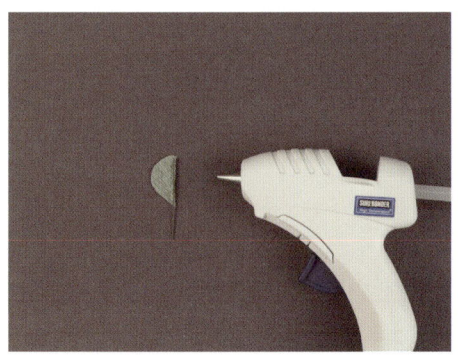

2. 잎에 직선으로 글루를 묻힌 뒤 가는 철사(5cm)를 붙여줍니다.

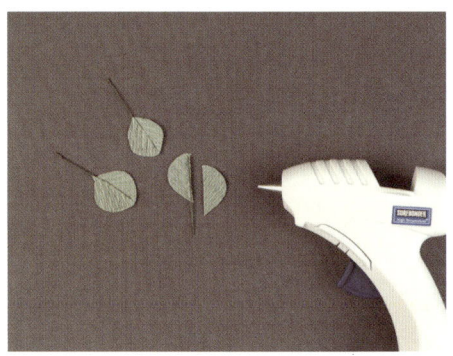

3. 잎맥 모양이 V자가 되도록 양쪽 잎을 철사에 붙여줍니다.

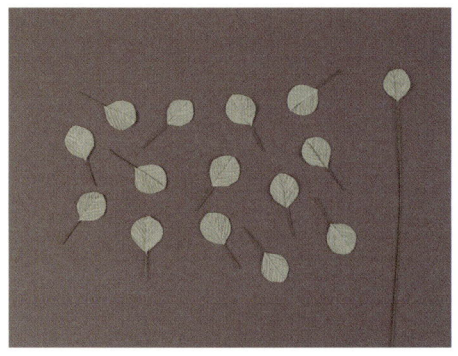

4. 동일한 과정을 반복해서 잎 15개를 만들어주세요. 줄기가 5cm인 14개와 30cm인 1개가 만들어집니다.

5. 잎의 하단 부분 주름을 펴면서 살짝 아래쪽으로 당겨주세요. 아래쪽이 위쪽보다 약간 널찍해지도록요.

6. 4단계에서 만든 30cm 철사에 잎 하나를 덧대고 플로럴 테이프로 고정합니다.

7. 1cm 간격으로 잎을 2개씩 줄기에 덧대면서 줄기 전체를 감아나갑니다.

8. 유칼립투스는 줄기와 잎이 완전히 맞닿아 있는 모양이에요. 잎의 철사를 남기지 말고 플로럴 테이프를 끝까지 바싹 감아주세요.

9. 잎을 수평이 되도록 펼쳐줍니다.

완성

회오리 감자 같은 모양으로 잎의 위치를 자유롭게 움직여서 잡아주세요.

SPECIAL CLASS 2

유칼립투스 삼각 리스

페이퍼 플라워를 리스로 만들면 직접 만든 꽃으로 멋스럽게 벽을 장식할 수 있는데요. 특히 자연에서 얻은 나뭇가지를 활용한 삼각 리스는 10분 정도만 투자하면 누구나 간단하게 만들 수 있습니다. 원하는 꽃이라면 무엇이든 리스에 활용할 수 있지만, 그중에서도 가장 심플해서 어디에나 잘 어울리는 유칼립투스로 만들어보았어요.

1. 길가에 떨어진 나뭇가지를 주워서 사진처럼 삼각형 모양의 틀을 만들어주세요. 나뭇가지를 적당한 길이로 자르고, 겹쳐지는 부분을 마끈으로 묶어주기만 하면 됩니다. 더 단단하게 고정하고 싶다면 글루건을 사용하세요.

2. 유칼립투스 줄기 2개를 준비합니다. 그 외에 각자 원하는 꽃을 준비해도 좋아요.

tip 위쪽에 있는 데이지 리스처럼 글루를 이용해 꽃을 틀에 고정해도 좋아요. 하지만 글루를 쓰지 않고 철사를 감는 방법을 활용하면 시간이 지나서 다른 꽃으로 바꾸고 싶을 때 언제든지 교체할 수 있는 장점이 있어요.

3. 삼각 틀에 줄기 부분의 철사를 돌돌 감아서 장식해주기만 하면 끝.

3

SEASONAL FLOWER

Flower Note

봄이 되면 전국이 벚꽃놀이로 북적거리죠. 벚꽃은 잎보다 꽃이 먼저 피어서, 꽃이 진 뒤에야 푸릇한 잎이 올라오는 모습을 볼 수 있습니다. 한 번에 흐드러지게 피었다가 또 한꺼번에 져 버리는 특성 때문에 진정한 시즌 플라워라고 할 수 있지요.

명암을 넣어서 벚꽃

벚꽃은 나뭇가지에 엄청나게 많은 작은 꽃들이 달려 있어서 작은 꽃 한 송이를 만드는 법만 익히면 됩니다. 이번에는 마커를 적극적으로 사용할 건데요. 수술(A)과 꽃잎(B) 주름지에 마커로 살짝 채색을 해 주면 명암이 살아나면서 생동감이 생깁니다. 꽃잎(B) 5장을 부채꼴로 연결한 뒤, 수술(A)을 가운데 놓고 꽃잎을 동그랗게 붙이면 간단하게 벚꽃이 완성됩니다.

준비물	주름지, 가위, 글루건, 노란색 마커, 갈색 마커, 분홍색 마커
주름지 컬러	흰색, 연분홍
난이도	✽
소요 시간	5분(작은 꽃 한 송이)
실물 도안	221쪽

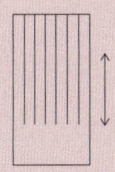

A×1
흰색

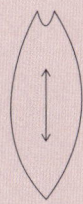

B×5
흰색

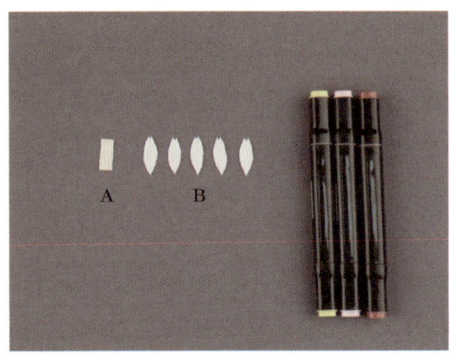

1. 수술 A 1장, 꽃잎 B 5장을 재단합니다.

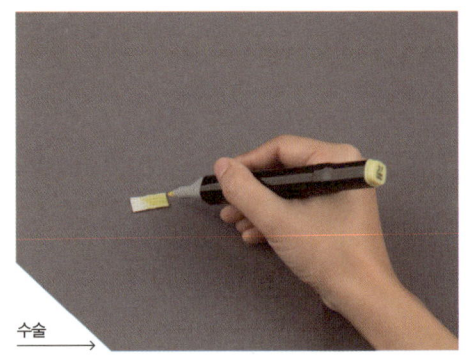

2. 수술 A의 2/3 정도를 노란색 마커로 칠합니다.
   tip 너무 꼼꼼하게 꽉 채우기보다는 두세 번 정도 슥슥 칠하세요.

3. 맨 위 가장자리는 다시 한 번 갈색 마커로 살짝 칠할 건데요. 사진처럼 A를 들고 모서리에만 색을 묻힌다는 느낌으로 칠하면 쉽습니다.

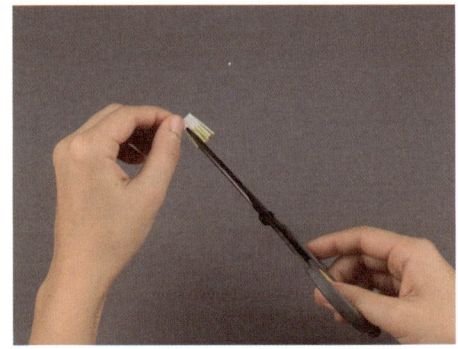

4. A를 1~2mm 간격으로 가위질합니다.

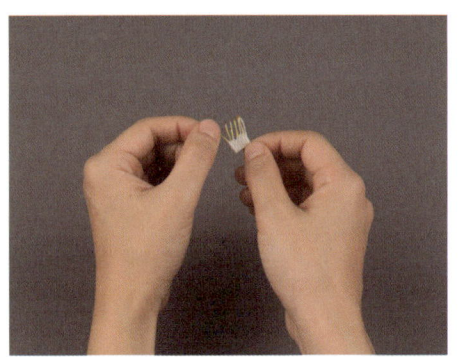

5. 가늘게 자른 부분을 하나씩 잡고 엄지와 검지로 비벼서 꼬아줍니다.

6. A 하단에 소량의 글루를 묻히고 돌돌 말아서 고정하세요.
   tip 글루는 점을 찍는다는 느낌으로 조금만 '톡'. 많이 묻히면 돌돌 말 때 글루가 밖으로 흘러나와서 손을 델 수 있으니 주의하세요.

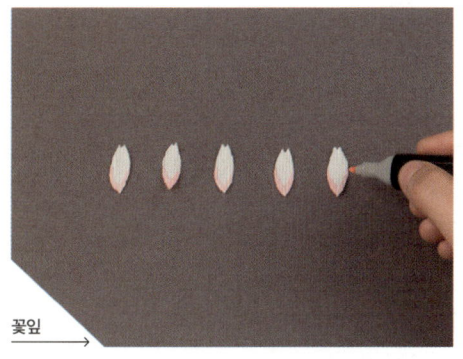

꽃잎

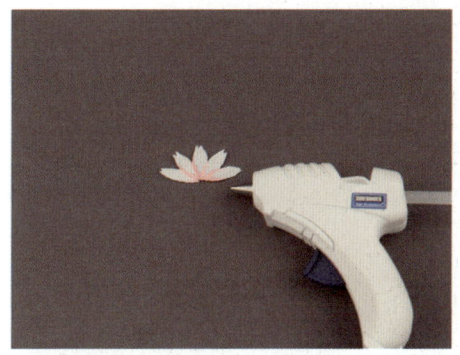

7. 분홍색 마커로 꽃잎 B 하단을 V 모양으로 살살 칠하세요.
   tip 홈이 파여 있는 쪽이 꽃잎 상단이에요.

8. B 하단에 글루를 조금씩 묻히면서 꽃잎 5장을 부채꼴로 연결합니다.

9. 수술과 꽃잎을 사진처럼 글루로 붙입니다.
   tip 꽃잎을 동그랗게 연결했을 때 수술이 가운데로 올 수 있는 위치에 붙이면 됩니다.

10. 떨어져 있던 양쪽 꽃잎을 동그랗게 연결해서 붙이면 벚꽃 한 송이가 완성됩니다.
    tip 꽃잎을 한 장씩 잡아서 좌우로 살짝씩 주름을 펴주면 모양이 더 예뻐져요.

완성

여러 개의 꽃을 만들어서 길에서 주운 나뭇가지에 여기저기 붙여주면 실제 벚꽃나무 느낌이 나요.

Flower Note

모르는 사람이 없는 대표 꽃, 장미. 정열적인 사랑을 표현하는 꽃이어서 선물하기 좋은 꽃으로 오랫동안 사랑받고 있지요. 인기가 많은 만큼 개량 작업도 활발하여 종류가 수천 종 이상입니다. 종에 따라 꽃의 색과 꽃말도 굉장히 다양해요.

재단 스트레스 없는 장미

장미는 남아 있는 자투리 주름지를 활용해서 만들기 좋습니다. 작은 꽃잎(A)과 큰 꽃잎(B)을 한 장씩 붙이면서 겹겹이 쌓는데, 꽃잎을 도안과 똑같이 자르려고 애쓸 필요 없이 오각형만 살려서 자유롭게 자릅니다. 저는 '못난이 오각형'으로 자르면 된다고 말해요. 단, 세로 높이는 도안에 맞춰주세요. 오각형의 모서리는 손으로 비벼서 부드러운 곡선으로 말아주기 때문에, 완성된 꽃잎을 보면 삐뚤삐뚤했던 오각형 모양이 감쪽같이 사라져 있을 거예요.

준비물	주름지, 굵은 철사 25cm 1개, 롱노우즈, 가위, 글루건
주름지 컬러	붉은색, 풀색
난이도	✽
소요 시간	10분
실물 도안	223쪽

C×1
풀색

1.5×30cm

A×1 붉은색

A×1 붉은색

A×1 붉은색

A×1 붉은색

B×1 붉은색

B×1 붉은색

B×1 붉은색

B×1 붉은색

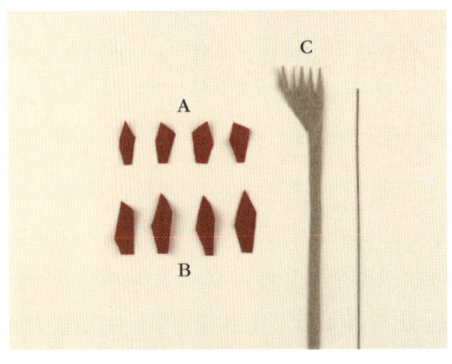

1. 꽃잎 A 4장, B 4장, 줄기 C 1장을 재단합니다.

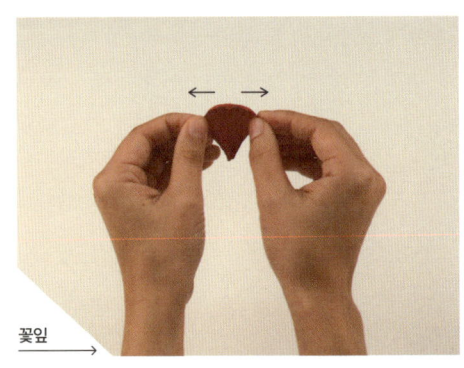

2. 꽃잎 A의 가운데를 좌우로 당겨 주름을 최대로 폅니다. 거의 주름이 없어질 정도로요.

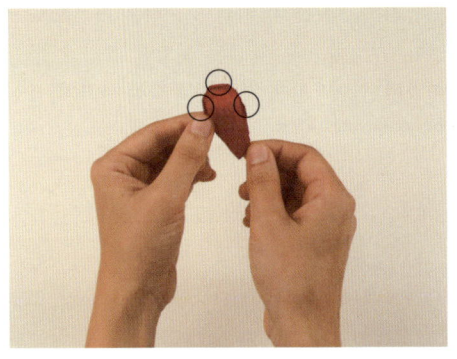

3. 꽃잎을 뒤집으면 모서리 세 곳이 보입니다. 모서리를 차례로 하나씩 엄지와 검지로 잡고 비비 꼬듯이 바깥쪽으로 말아주면 뾰족한 부분이 없어지면서 둥그런 형태가 됩니다.

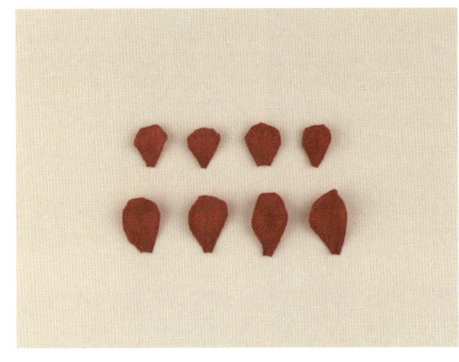

4. A와 B 꽃잎 모두 2~3단계대로 준비하세요.

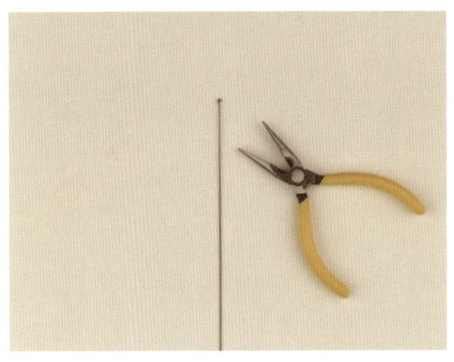

5. 롱노우즈로 철사의 끝을 9자 형태로 구부려줍니다.

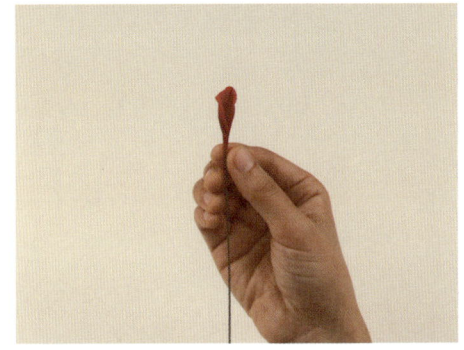

6. 꽃잎 A 하단에 글루를 소량 묻힌 뒤, 철사에 9자로 구부려놓은 부분이 완전히 가려지도록 사진처럼 감싸서 붙이세요.

7. 그 위에 나머지 A 3장을 사진처럼 붙여주세요.
   tip 꽃잎끼리 너무 밀착되지 않고 적당히 벌어지도록 위치를 잡습니다.

8. 꽃잎 B 4장을 사진처럼 덧붙입니다.
   tip 꽃 윗부분의 모양을 보면서 꽃잎 위치를 잡아주세요.

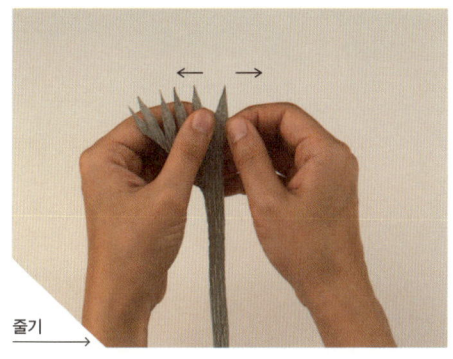

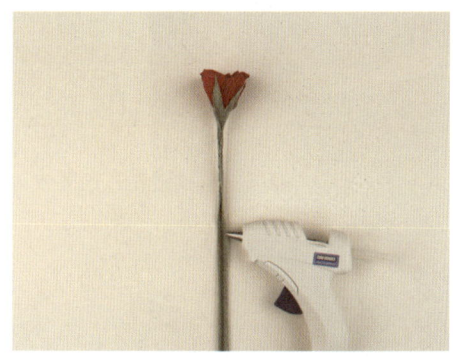

9. 줄기 C의 꽃받침 부분의 주름을 좌우로 살짝씩 펴주세요.

10. 글루로 꽃받침부터 붙여준 뒤, 아래쪽 끝까지 붙이세요.
    tip 꽃받침의 뾰족한 부분에는 글루를 묻히지 않아요.

완성
꽃받침의 뾰족한 부분을 바깥쪽으로 펼치면서 살짝 비비 꼬아주면 더 자연스러워져요.

Flower Note

카네이션은 어버이날과 스승의 날을 대표하는 꽃이죠. '순수한 사랑'이라는 꽃말이 꽃의 쓰임과도 잘 어울립니다. 빨간색이 가장 대중적이지만 분홍, 보라 등 다양한 품종이 많이 개발되어 있어요.

너풀거리는 카네이션

카네이션은 풍성한 주름과 핑킹 가위로 자른 것 같은 꽃잎 가장자리가 독특합니다. 톱니 같은 꽃잎 가장자리 모양은 도안에 표시해두었어요. 꽃잎(A)을 도안대로 자른 뒤에, 주름을 펴거나 비틀면서 너풀거림을 표현하는 데 집중해봅시다. 보통 이렇게 꽃잎의 길이가 긴 꽃은 철사에 돌돌 말아서 만들었는데요. 그렇게 하면 주름이 불규칙한 카네이션이 잘 표현되지 않아서 조금 다른 방식으로 만들 거예요.

준비물	주름지, 굵은 철사 27cm 1개, 롱노우즈, 가위, 글루건
주름지 컬러	빨간색, 풀색
난이도	✱
소요 시간	5분
실물 도안	225쪽

B×1
풀색

C×2
풀색

1×27cm

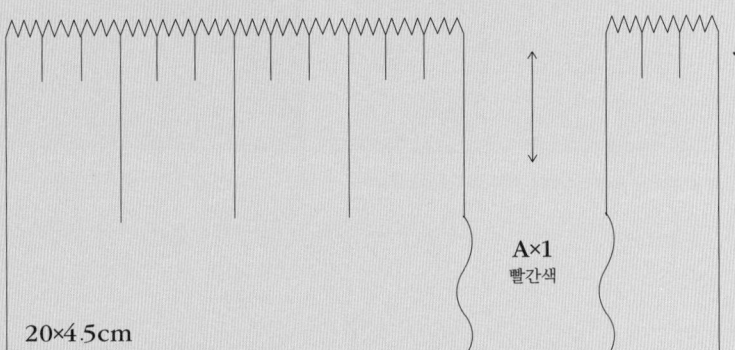

A×1
빨간색

20×4.5cm

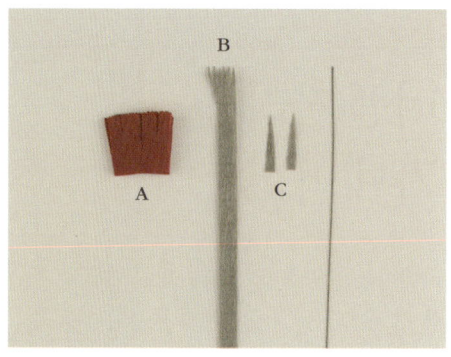

1. 꽃잎 A 1장, 줄기 B 1장, 잎 C 2장을 재단합니다.

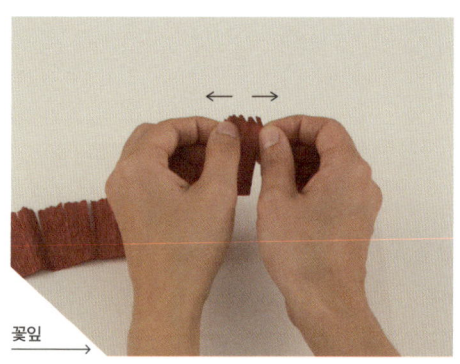

2. 꽃잎 A의 갈라진 부분을 한 장씩 잡고 가운데 부분의 주름을 양쪽으로 폅니다.

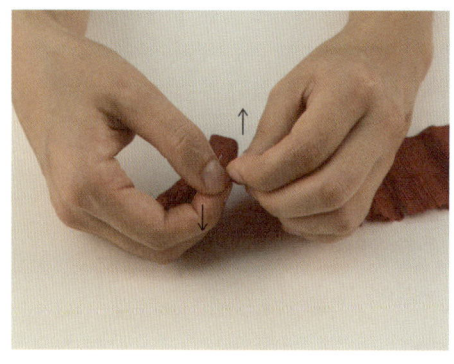

3. 꽃잎 상단의 끝부분을 살짝 찢는다는 느낌으로 한 번씩 비틀어주세요.

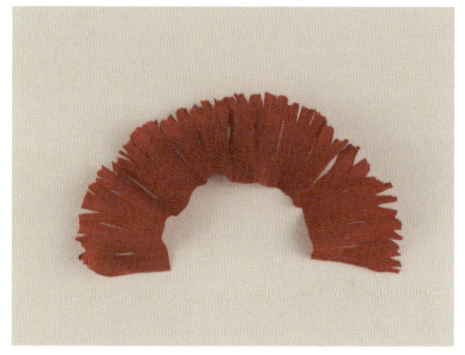

4. 2~3단계를 거치면 꽃잎의 너풀거림이 표현됩니다.

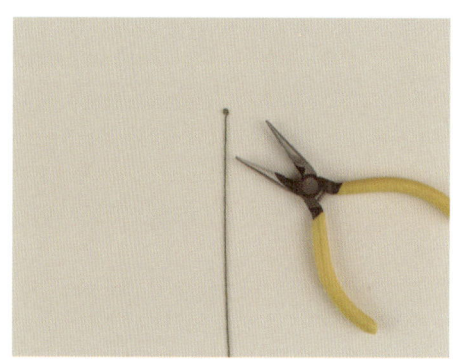

5. 롱노우즈로 철사 끝을 9자로 구부리세요.

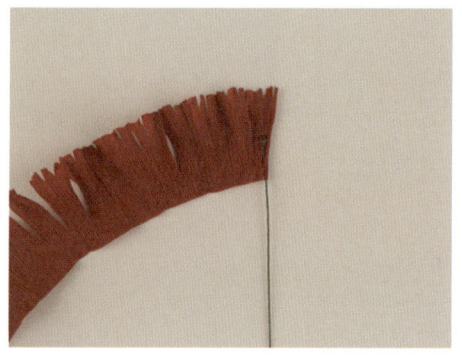

6. 꽃잎 하단에 글루를 묻히면서 철사에 감아나갈 건데요.

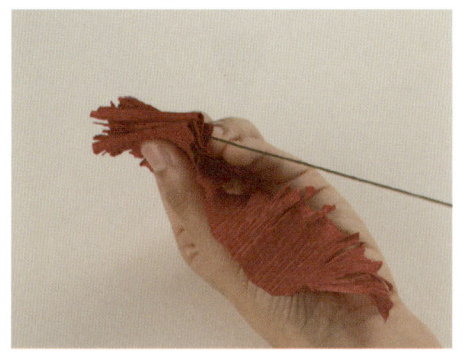

7. 꽃잎을 아코디언 모양으로 접어서 글루로 고정하세요. 너풀거리는 꽃잎의 느낌을 더 잘 살리기 위한 과정이에요.

8. 마지막 5cm 정도의 꽃잎은 붙이지 말고 남겨둡니다.

9. 5cm 남긴 꽃잎으로 지그재그 쌓은 꽃잎을 감싸면서 말아줍니다. 글루로 고정하세요.

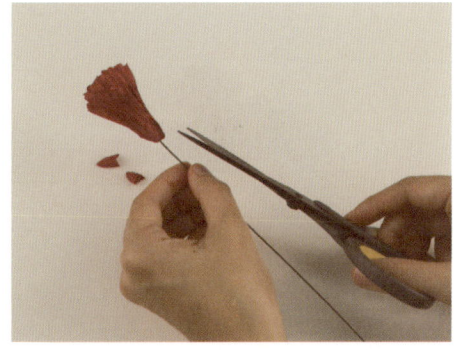

10. 꽃의 양쪽 하단을 가위로 비스듬하게 잘라냅니다.

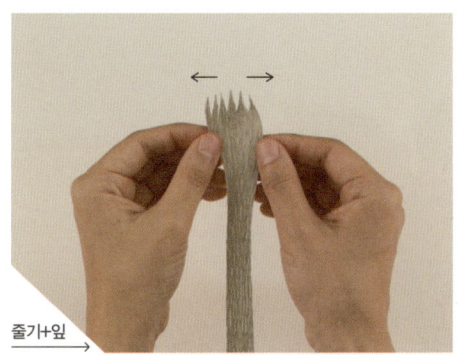

줄기+잎

11. B의 꽃받침 부분을 양쪽으로 잡아당겨 주름을 폅니다.

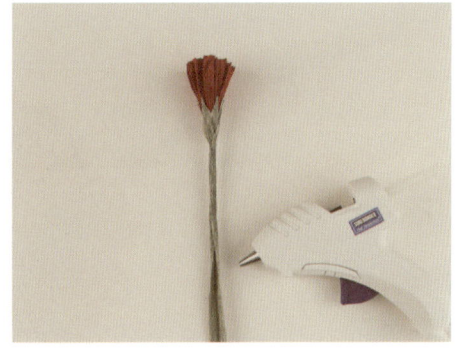

12. 글루를 사용하여 꽃받침부터 붙이고, 나머지 줄기 전체도 철사를 감싸듯 붙이세요.

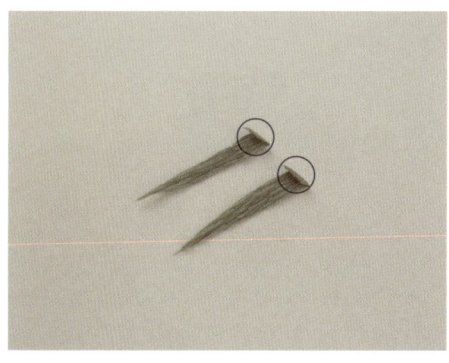 

13. 잎 C의 하단을 0.5cm가량 접어서 글루로 고정합니다.

14. 글루로 잎을 붙입니다. 줄기를 감싸는 느낌으로 한 장씩 차례로 붙이세요.

15. 꽃잎을 바깥쪽으로 펼쳐주세요.

완성
카네이션 브로치 만드는 법 (148쪽)도 참고하세요.

SEASONAL FLOWER

Flower Note

'고결'이라는 꽃말을 가진 국화입니다. 흰 국화는 애도와 슬픔의 상징이죠. 최근에는 개량된 품종이 많아 분홍, 오렌지 등 색도 다양하고 생김새도 다양합니다. 우리는 가장 기본적인 흰색 국화를 만들어볼게요.

C×1
흰색

B×1
흰색

A×1
흰색

D×1
풀색

1×25cm

E×1
풀색

F×4
풀색

정성을 담아 국화

국화는 수많은 가늘고 긴 꽃잎으로 이루어져 있습니다. 흰색 주름지를 채 썰 듯 가늘게 잘라서 그 꽃잎들을 표현할 건데요. 꽃잎 수가 많고, 한 장씩 모양을 잡아 줘야 해서 시간이 오래 걸리는 편입니다. 단순한 작업의 반복이니까 좋아하는 음악을 들으며 그 과정을 즐겨보세요.

준비물	주름지, 굵은 철사 27cm 1개, 가는 철사 10cm 2개, 롱노우즈, 가위, 글루건
주름지 컬러	흰색, 풀색
난이도	✽
소요 시간	60분
실물 도안	227, 229쪽

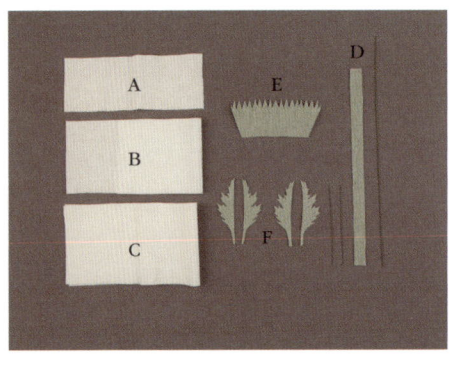

1. 꽃잎 A 1장, B 1장, C 1장, 줄기 D 1장, 꽃받침 E 1장, 잎 F 4장을 재단합니다.

2. A를 5mm 정도 간격으로 잘게 자릅니다. 하단 1cm만 남기고 잘라주세요. 자른 한 조각이 꽃잎 한 장이 될 거예요.

3. 가운데를 비틀고 아래로 접어서 (a)처럼 만들려 합니다. 먼저 꽃잎 한 장의 가운데를 (b)와 같이 두 번 비틀어주세요.

4. 비튼 부분을 기준으로 아래로 반 접어서 겹쳐진 부분을 글루로 고정합니다. 뾰족한 꽃잎 느낌이 날 거예요.

tip 익숙해지면 한 번에 서너 장씩 붙일 수 있게 돼요.

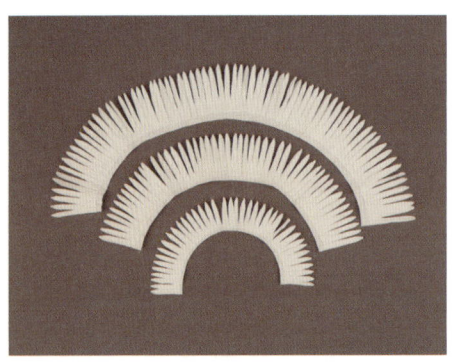

5. 꽃잎 A, B, C 모두 2~4단계대로 준비하세요.

6. 꽃잎의 주름을 펼 차례입니다. 꽃잎의 상단을 양 엄지손가락으로 잡고 좌우로 당깁니다.

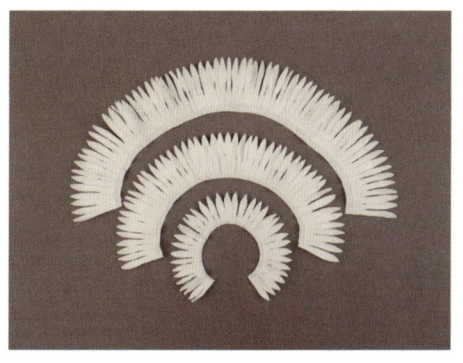

7. 꽃잎 A, B, C 모두 같은 방법으로 주름을 펴주세요.

8. 롱노우즈로 굵은 철사(27cm) 끝을 9자로 구부립니다.

9. 꽃잎 A 하단에 글루를 조금씩 묻히면서 굵은 철사(27cm)에 감아 말아줍니다.

   tip 글루는 금방 굳기 때문에 조금씩 구간을 나눠서 묻히고 감고를 반복합니다.

10. 꽃잎 A 위에 꽃잎 B도 감아 붙입니다. 꽃잎 하단을 일자로 맞춰주세요.

11. 같은 방법으로 꽃잎 C까지 말아줍니다.

12. 줄기 D로 철사를 감싸며 글루로 붙입니다.

13. 꽃받침 E 상단의 뾰족한 부분의 주름을 한 번씩 좌우로 펴주세요.

14. 꽃받침을 글루로 붙입니다. 꽃받침 아래쪽에 사진처럼 약간 여분을 남기세요.

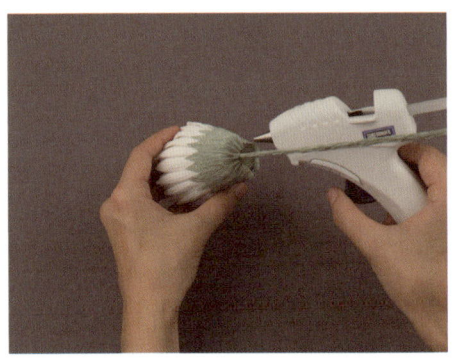

15. 꽃잎 하단에 글루를 묻히고, 여분으로 남긴 꽃받침을 꾹꾹 눌러서 붙입니다.

16. 글루가 다 굳을 때까지 꽃받침을 꾹 누른 채로 잠시 유지하세요.

17. 잎 F에 글루를 묻힌 후 가는 철사(10cm)를 붙입니다.

18. 나머지 반쪽 잎도 글루로 붙여주세요.

19. 같은 방법으로 잎을 하나 더 만듭니다.

20. 줄기의 위에서부터 4cm, 6cm 지점에 비스듬하게 가위집을 냅니다.

21. 잎을 가위집에 꽂고 글루로 고정하세요.

22. 잎을 바깥쪽으로 펼치고, 살짝씩 주름을 펴줍니다.

완성
꽃잎을 풍성하게 펼쳐서 완성합니다.

135

Flower Note
봄의 시작을 알리는 프리지아는 여러 개의 꽃과 봉오리가 줄기를 따라 나란히 달려 있는 모습이 독특하지요. '천진난만함'이라는 꽃말 때문인지 입학과 졸업을 축하하는 꽃다발에 자주 사용됩니다.

한 줄에 나란히 프리지아

프리지아는 여러 개의 작은 꽃이 일렬로 줄지어 있는 모습이 신기해요. 우리는 일단 작은 꽃 하나를 만드는 법을 자세히 배워보겠습니다. 수술(A)을 철사 끝에 감고, 꽃잎(B)은 우드 스틱으로 가장자리를 바깥쪽으로 말아주세요. 준비된 꽃잎을 한 장씩 붙인 뒤, 꽃받침(C)으로 꽃 아랫부분을 감싸줍니다. 같은 방법으로 여러 개의 꽃을 제작하여 플로럴 테이프로 연결하면서 원하는 모양으로 만듭니다.

준비물	주름지, 굵은 철사 25cm 1개, 우드 스틱, 플로럴 테이프, 롱노우즈, 가위, 글루건
주름지 컬러	아이보리색, 노란색, 연두색
난이도	**
소요 시간	10분(작은 꽃 한 송이)
실물 도안	221쪽

A×1
아이보리색

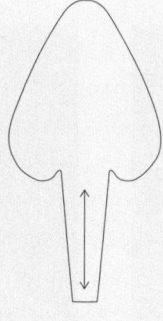

B×6
노란색

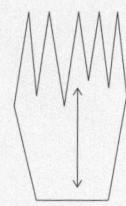

C×1
연두색

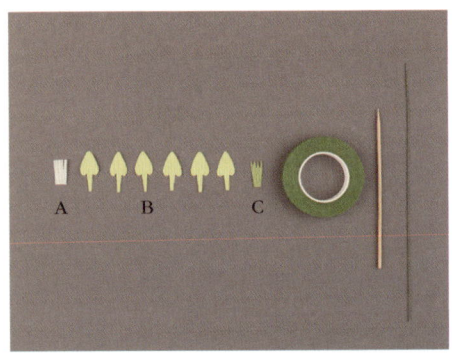

1. 수술 A 1장, 꽃잎 B 6장, 꽃받침 C 1장을 재단합니다.

2. 재단이 끝난 수술 A의 세 부분에 글루를 소량 묻힌 후, 손으로 살짝 비비 꼬아주세요. 정확한 위치는 사진에 표시된 곳을 참고하세요.

3. 상단에 작게 갈라진 부분의 주름을 살짝씩 폅니다. 아주 작은 부분이지만 세심하게 만져줄수록 생화의 느낌이 살아나요.

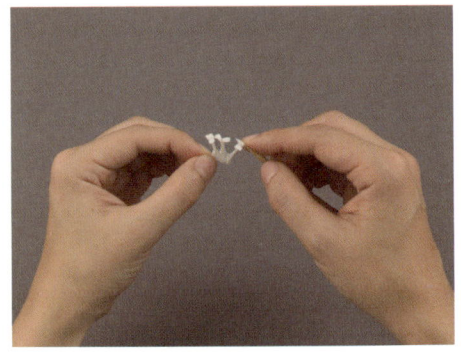

4. 3단계에서 주름을 펴준 부분을 우드 스틱으로 한 번씩 바깥쪽으로 말아서 굴곡을 만들어요.

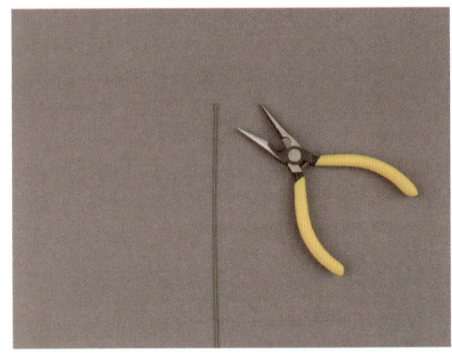

5. 롱노우즈로 굵은 철사(25cm) 끝을 9자로 구부립니다.

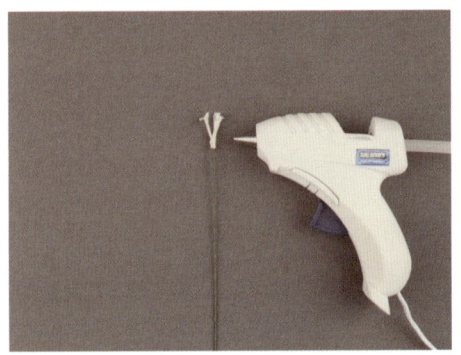

6. A 하단에 글루를 묻히고, 철사 끝에 감아 붙이세요.

7. 꽃잎 B 가운데를 좌우로 당겨서 주름을 펴세요.

8. 주름을 펴면 가운데가 움푹 패는데, 그 자리에 사진처럼 엄지손가락을 올려놓습니다.

9. 엄지손가락 밖으로 삐져나온 부분을 우드 스틱을 이용해 바깥쪽으로 말아주세요. 여러 번 말면 더 자연스러워집니다.

10. 나머지 꽃잎도 7~9단계로 준비합니다.

11. 꽃잎 B 하단에 글루를 묻혀 3장을 사진처럼 붙입니다.

12. 나머지 3장의 꽃잎 B를 사진처럼 덧붙여줍니다.

13. 꽃받침 C를 붙입니다. 길이가 모자라면 살짝씩 당겨서 붙이면 됩니다.

14. 철사에 플로럴 테이프를 감아주면 프리지아 한 송이가 완성됩니다. 좀 더 생화 느낌을 살리고 싶은 분들을 위해, 작은 꽃 여러 송이를 연결하는 법도 알려드릴게요.

15. 저는 작은 굵은 철사(5cm)를 이용하여 꽃 4송이를 더 만들어봤어요.

16. 작은 꽃은 책에 있는 도안보다 꽃잎 사이즈를 1~2mm 정도 미세하게 작게 재단해서 동일한 방법으로 만들면 됩니다.

17. 가장 끝에 올 작은 꽃부터 플로럴 테이프로 감기 시작해서, 사진처럼 한 송이씩 비스듬하게 겹치면서 함께 고정하세요. 19단계의 완성 사진을 먼저 보고 시작하면 더 쉬울 거예요.

18. 작은 꽃 4송이를 모두 연결한 모습입니다.

19. 마지막으로 굵은 철사(25cm)에 연결한 후 줄기 끝까지 플로럴 테이프를 감으세요.

20. 철사를 세워서 꽃 모양을 예쁘게 잡아주세요.

완성
흰색, 연보라색 프리지아도 만들어보세요.

Flower Note
멕시코가 원산지인 코스모스는 가을 시즌을 대표하는 꽃입니다. 특별히 자라는 조건을 가리지 않기 때문에 강가나 들판에서도 스스로 잘 자라서 코스모스 밭을 이룹니다. 꽃말은 '소녀의 진심'입니다.

꽃잎을 끼워서 코스모스

코스모스는 노란색과 갈색이 섞인 듯한 수술이 가운데 있고, 홑겹의 꽃잎들이 그 곁을 둘러싸고 있어요. 노란색 주름지(A)와 갈색 주름지(B)를 함께 돌돌 말아서 수술을 표현합니다. 그리고 꽃잎(C) 한가운데를 송곳으로 뚫어서 철사에 끼워줄 거예요. 그렇게 꽃잎을 한 장씩 순차적으로 끼워서 별 모양의 코스모스를 만듭니다.

준비물	주름지, 굵은 철사 25cm 1개, 송곳, 롱노우즈, 글루건, 가위
주름지 컬러	노란색, 갈색, 분홍색, 풀색
난이도	✽
소요 시간	20분
실물 도안	231쪽

D×1
풀색

A×1
노란색

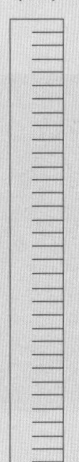

B×1
갈색

C×4
분홍색

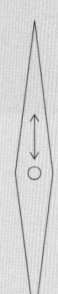

E×3
풀색

1×25cm

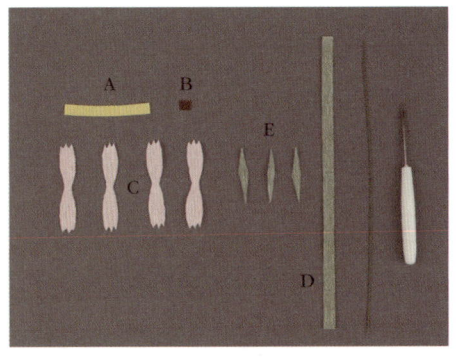

1. 수술 A 1장, B 1장, 꽃잎 C 4장, 줄기 D 1장, 꽃받침 E 3장을 재단합니다.

2. 수술 부분이 될 A와 B는 2mm 정도 간격으로 가위집을 냅니다.

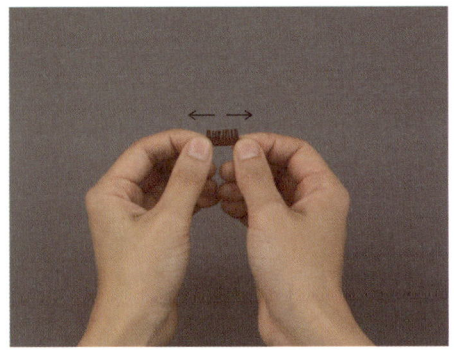

3. B 하단을 잡고 양옆으로 최대한 벌려서 주름을 펴주세요.

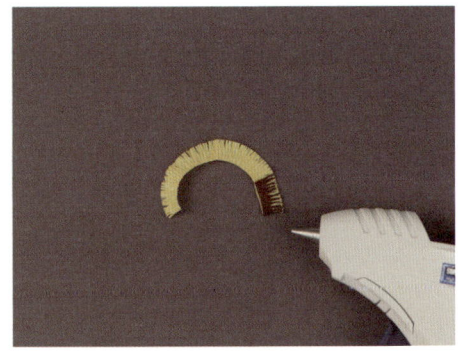

4. A 오른쪽 부분에 B를 글루로 붙입니다. 이렇게 해서 돌돌 감으면 노란색과 갈색이 섞인 수술을 표현할 수 있어요.

5. 롱노우즈로 철사 끝을 9자 모양으로 구부립니다.

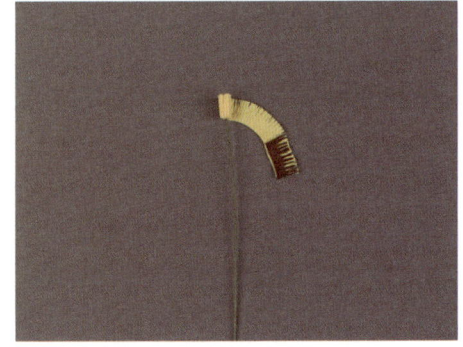

6. 4단계에서 만든 수술 하단에 글루를 묻혀서 철사 끝에 감아줍니다.

tip B를 붙여놓은 반대쪽부터 감기 시작하세요.

SEASONAL FLOWER

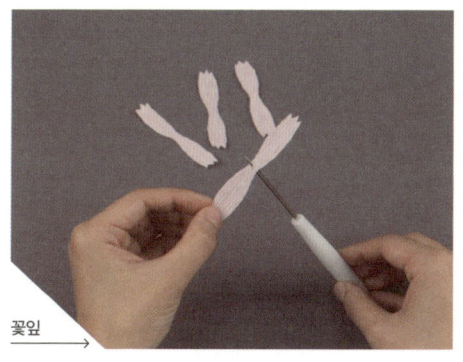

7. 꽃잎 C 한가운데에 송곳으로 구멍을 뚫습니다. C 4장에 모두 구멍을 뚫어주세요.

8. 수술을 붙인 철사의 아래쪽에서부터 꽃잎 C 1장을 끼우고 위로 올립니다.

9. 수술 하단과 꽃잎이 만나는 지점에 글루를 살짝 묻혀서 꽃잎을 고정하세요.

10. 십(十)자 모양으로 또 하나의 꽃잎을 철사에 끼워서 붙입니다.

11. X자 모양으로 꽃잎 2장을 추가해서 글루로 고정합니다.

12. 각 꽃잎의 가운데 부분을 양쪽에서 잡은 뒤 좌우로 주름을 폅니다. (꽃잎 기본 펴기 18쪽)

줄기 →

13. 줄기 D에 글루를 묻혀서 철사 전체를 감싸주세요.

14. D는 한 번에 붙이려고 하기보다 위에서부터 두 세 번 구간을 나눠 글루를 묻히고 붙이는 과정을 반복하면 쉽습니다.

15. 꽃받침이 될 E 3장의 한가운데에 송곳으로 구멍을 뚫으세요.

16. E를 철사 아래로 끼워 글루로 고정합니다.

17. 사진처럼 E 3장이 별 모양이 되도록 붙이세요.

tip 꽃잎 사이로 살짝 꽃받침이 보여도 예뻐요.

18. 마지막으로 수술 부분을 엄지손가락으로 부드럽게 뭉개주면 더 자연스러워집니다.

Know How

꽃 가지 연결하기

코스모스는 한 줄기에 여러 개의 꽃이 달려 있기도 하죠. 페이퍼 플라워의 기본에 익숙해진 분들이라면 얼마든지 원하는 모양의 코스모스로 변형해서 만들 수 있을 거라 생각합니다. 10cm 정도 길이의 작은 코스모스를 하나 더 만든 뒤 잎을 꽂듯이 꽃 가지를 줄기에 꽂아서 연결해보세요.

완성
꽃받침 끝은 손가락으로 살짝 꼬아서 뾰족하게 만들어주세요.

147

SPECIAL CLASS 3

카네이션 브로치

감사의 마음을 전하고 싶은 분께 직접 만든 카네이션 브로치를 선물해보세요. 카네이션과 색상이 잘 어울리는 올리브잎을 매치해봤는데요. 다른 종류의 잎을 사용해도 좋고, 취향에 따라 카네이션 외에 다른 꽃을 믹스해도 좋아요.

1. 재료를 준비합니다.
   : 올리브잎(60쪽), 카네이션(124쪽), 마끈, 옷핀, 글루건
2. 올리브잎과 카네이션의 위치를 잡아준 뒤, 마끈으로 돌돌 묶어서 고정합니다.
3. 마끈 아래쪽 줄기는 적당히 잘라내세요.
4. 글루를 사용해 꽃 뒤쪽에 옷핀을 고정하면 완성.

카네이션으로 플라워 박스를 만들어보는 것도 추천해요. 줄기를 잘라내고 꽃 머리만 남은 카네이션 여러 송이를 예쁜 박스에 가득 담아 선물해보세요. 평범한 꽃다발보다 특별하고 고급스러운 선물을 주는 느낌을 낼 수 있어요.

4

LOVELY FLOWER

Flower Note

스위트피는 영어로 '달콤한 완두콩(sweet pea)'이라는 뜻인데요. 콩과의 식물이고, 달콤한 향기가 나서 그런 이름이 붙여졌다고 해요. 꽃잎이 연분홍, 연보라, 아이보리 등 파스텔 톤의 색이어서 사랑스럽고 여성스러운 느낌이 물씬 납니다. 꽃말은 '새 출발'입니다.

입체감을 살려 스위트피

전형적인 꽃과는 생김새가 다르기 때문에 만들기 전에 꽃을 유심히 관찰하는 것이 좋아요. 줄기 끝에서 꽃잎이 바람에 흩날리듯이 너풀거리는데요. 먼저 작은 꽃잎(A)을 가장 안쪽에 붙입니다. 말발굽처럼 생긴 큰 꽃잎(B,C)은 갈라진 부분을 글루로 연결해서 입체감을 줍니다. 그 2장의 꽃잎이 서로 등을 맞댄 것처럼 붙이면 스위트피의 모습이 갖춰집니다. 마지막에는 우드 스틱으로 꽃잎 가장자리에 굴곡을 만들어주세요.

준비물	주름지, 굵은 철사 25cm 1개, 롱노우즈, 가위, 글루건, 우드 스틱, 플로럴 테이프
주름지 컬러	연분홍색, 진분홍색, 연두색
난이도	✽
소요 시간	20분(꽃 한 송이)
실물 도안	233쪽

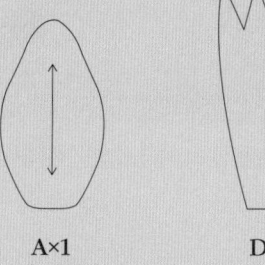

A×1
연분홍색

D×1
연두색

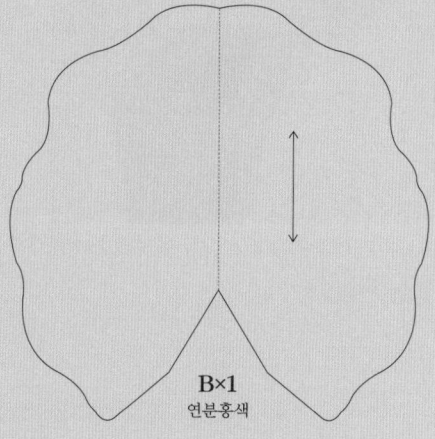

B×1
연분홍색

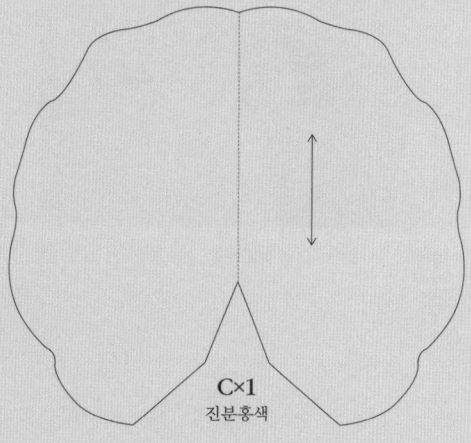

C×1
진분홍색

1. 꽃잎 A 1장, B 1장, C 1장, 꽃받침 D 1장을 재단합니다.

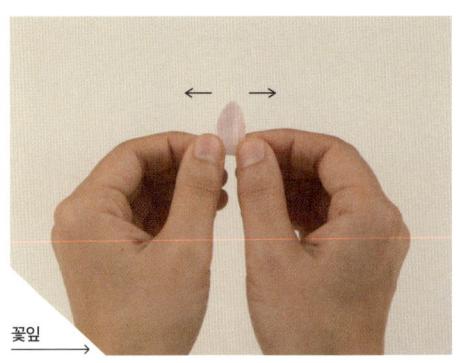

2. 꽃잎 A를 좌우로 당겨 주름을 폅니다. (꽃잎 기본 펴기 18쪽)

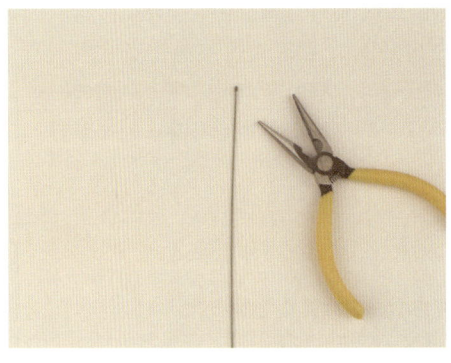

3. 롱노우즈로 철사 끝을 9자로 만들어줍니다.

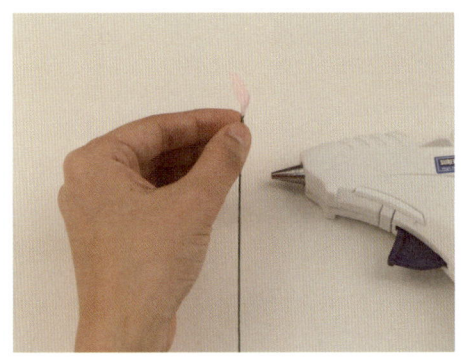

4. A 하단에 글루를 묻혀 철사 끝에 감아 붙이세요.

5. B는 사진에 표시된 부분에 글루를 소량 묻힙니다.

6. 글루가 굳기 전에 반으로 접어서 접착면을 꼭꼭 눌러주세요.

7. 글루가 완전히 굳으면 사진처럼 양쪽 꽃잎 가장자리를 잡습니다.

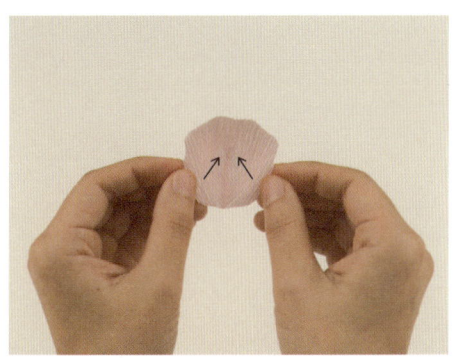

8. 그리고 양 엄지손가락으로 볼록 튀어나와 있는 가운데 부분을 쑥 누릅니다.

9. 우리는 꽃잎을 12단계의 사진과 같이 만들어 줄 거예요. 먼저, 꽃잎 우측 부분을 바깥쪽으로 살짝 접어주세요.

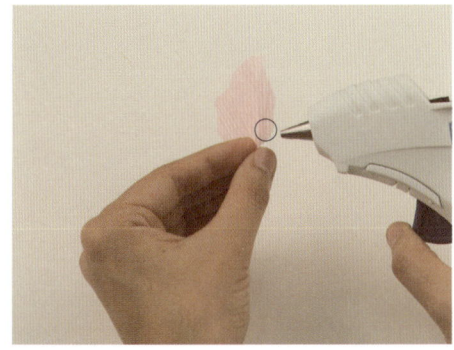

10. 접히는 부분의 하단 뒷면에 글루를 콕 찍어서 살짝 눌러 붙입니다.

11. 10단계에서 접은 부분을 다시 앞쪽으로 반 접습니다. 그리고 하단(사진에서 표시된 부분)을 글루로 고정합니다. 꽃잎에 굴곡이 생길 거예요.

12. 반대쪽 꽃잎도 같은 방법으로 만듭니다. 꼭 작은 조개 같은 모양이 될 거예요.

13. 꽃잎 C도 5~12단계대로 준비하세요.

14. 꽃잎 B 하단에 글루를 살짝 묻힌 뒤, 철사에 미리 붙여놓은 A를 감싸듯이 붙입니다.

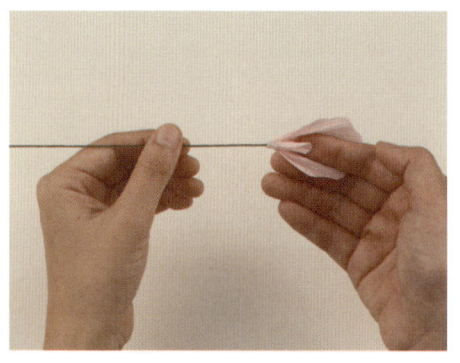

15. A와 B 사이가 딱 붙지 않도록 손가락이 들어갈 정도의 공간을 남기는 것이 중요합니다.

16. 꽃잎 C 뒷면의 하단에 글루를 묻히세요.

  tip 이미 글루로 붙여서 연결해놓은 곳입니다. 글루건을 너무 오래 갖다 대고 있으면 이전에 붙였던 글루가 다시 녹을 수 있으니 주의하세요.

17. A와 C가 서로 등을 맞댄다는 느낌으로 자리를 잡아 붙입니다.

18. 롱노우즈로 철사를 움직여서 꽃이 철사의 중앙에 올 수 있게 위치를 잡습니다.

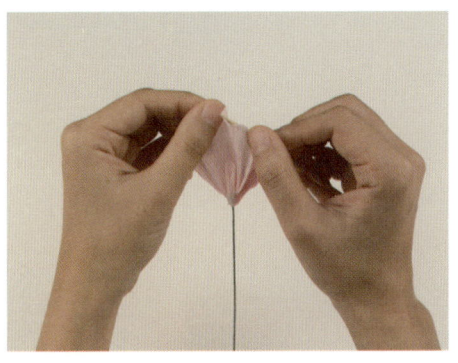

19. 우드 스틱으로 꽃잎 가장자리를 비틀 듯이 쓸어주세요.
    tip 우드 스틱이 아니라 손으로 비틀어도 됩니다.

20. 예쁘게 곡선이 만들어졌습니다. 만드는 과정에서 꽃잎이 어느 정도는 숨이 죽는데, 이렇게 한 번씩 더 굴곡을 주면 더 생기 있어져요.

줄기 →

21. 꽃받침 D를 글루로 붙입니다. 이 상태에서 줄기 부분에 플로럴 테이프를 감으면 꽃 한 송이가 완성됩니다.

활용 →

22. 꽃을 여러 송이 만들어서 사진처럼 다양하게 만드는 것도 도전해보세요. 원하는 줄기 모양으로 배치한 뒤 플로럴 테이프로 감아주면 됩니다.

완성

흰색, 연보라색 주름지로 만들어보는 것도 추천해요.

Flower Note

히아신스는 한 송이만 있어도 방 안 가득 달콤한 향기가 퍼질 정도로 향이 정말 진해요. 미의 여신 비너스는 히아신스에 맺힌 이슬로 목욕을 했다고 하고, 제우스의 부인 헤라는 잠자리에 히아신스를 깔았다는 신화도 전해지고 있어요.

작은 꽃을 풍성하게
히아신스

히아신스는 작은 꽃이 많이 달린 꽃입니다. 수술(A) 주변으로 꽃잎(B)을 감으면 작은 꽃 하나가 완성되는데요. 작은 꽃을 얼마나 만들지는 각자 정하면 되기 때문에 도안은 하나만 준비했어요. 줄기(C) 상단에 작은 꽃들을 하나씩 붙여서 완성하는데요. 참고로 30송이 정도를 만들면 보기 좋게 풍성한 꽃이 됩니다. D는 통통하고 긴 잎의 재료입니다.

준비물	주름지, 굵은 철사 25cm 1개, 가위, 글루건
주름지 컬러	노란색, 흰색, 연두색
난이도	✽
소요 시간	60분
실물 도안	235쪽

D×2
연두색

C×1
연두색

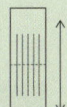

A×1
노란색

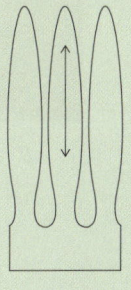

B×2
흰색

2.5×40cm   1.5×25cm

1. 수술 A 1장, 꽃잎 B 2장, 줄기 C 1장, 잎 D 2장을 재단합니다.

2. 수술이 될 A를 가로로 반 접은 뒤, 1mm 간격으로 가위질합니다.

3. A를 한 가닥씩 손가락으로 비벼서 꼬아줍니다.

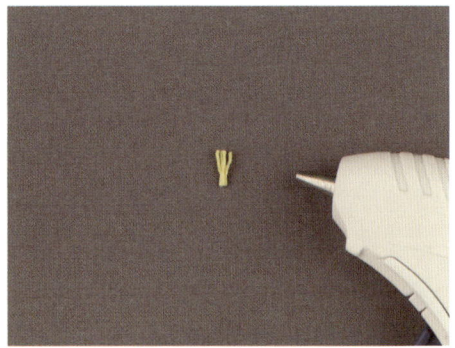

4. A 하단에 글루를 묻혀 동그랗게 말아요.

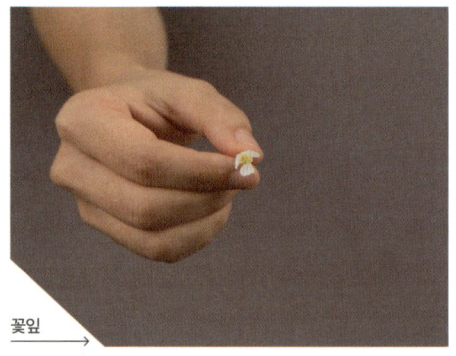

5. 꽃잎 B 하단에 글루를 묻혀 수술을 감싸듯 붙입니다.

6. 나머지 B 1장도 붙입니다. 비어 있는 부분을 채워준다는 느낌으로요.

7. 꽃잎을 1장씩 잡고 좌우로 주름을 폅니다.
   tip 만드는 사람 기준에서 봤을 때 꽃잎 가운데가 움푹 들어간 것이 아니라, 볼록 튀어나와 보이도록 주름을 펴주세요.

8. 꽃잎을 바깥쪽으로 펼칩니다. 휘어진 상태로 잠깐 쥐고 있으면 손의 열기 때문에 금방 모양이 고정돼요.

9. 작은 꽃 한 송이가 완성되면, 이제 원하는 수량만큼 만들어주세요. 어느 정도 풍성한 꽃을 원한다면 작은 꽃 30송이 정도가 필요합니다.

10. 줄기가 될 C를 철사에 글루로 말아 붙입니다. 철사에 너무 단단하게 감지 말고 히아신스의 살짝 굵은 줄기의 느낌을 살려 조금 느슨하게 말아주세요.

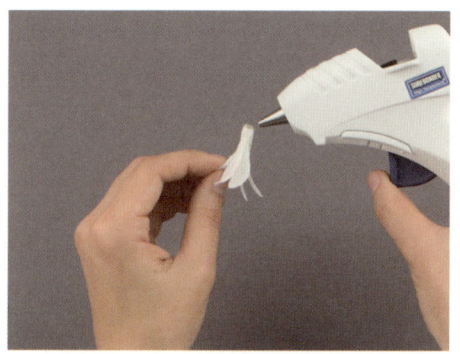

11. 꽃 하단에 글루를 살짝 묻힙니다.

12. 줄기 끝에 꽃을 붙이세요.

13. 줄기의 상단 15cm 정도를 꽃으로 채운다고 생각하고 360도로 돌리면서 꽃을 하나씩 붙여나갑니다.

tip 글루가 굳을 때까지 꽃을 잡고 기다려주세요.

14. 꽃을 다 붙인 모습입니다.

15. 잎이 될 D의 한가운데를 한 번 비틀어주세요.

16. 비튼 상태에서 반 접어서 글루로 붙입니다.

17. 잎의 주름을 살짝살짝 좌우로 펴줍니다.

18. 또 다른 잎 하나도 같은 방법으로 만들어서 준비하세요.

19. 잎 하단에 1~2cm 정도 글루를 묻히고, 잎이 꽃을 살짝 감쌀 수 있는 위치에 붙여줍니다.

20. 나머지 잎도 대칭이 되도록 붙입니다.

완성
실제 히아신스처럼 잎의 상단 주름을 한 번 더 펴서 통통한 모양으로 만들어주세요.

Flower Note

개망초는 우리나라에서 가장 흔하게 볼 수 있는 꽃입니다. 적응력이 뛰어나서 공터, 길가 등 척박한 도시에서도 잘 자란다고 해요. 꽃이 작고 수수하지만 한 움큼 잡아서 묶으면 자연스러운 매력을 뽐내는 꽃다발이 됩니다.

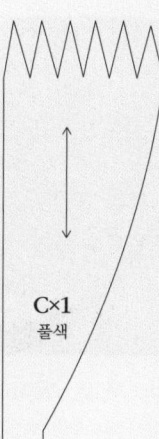

C×1
풀색

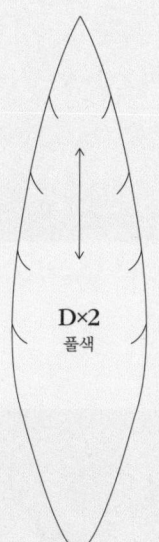

D×2
풀색

원하는 대로 디자인하는 개망초

개망초는 꽃의 모습이 단순해요. 노란색 수술(A)과 흰색 꽃잎(B)으로 이루어져 있습니다. 꽃잎을 가늘게 잘라서 수술 주변으로 둘러줍니다. 하나의 줄기에 여러 갈래의 꽃들이 달려 있는 것이 특징이니 꽃의 개수는 원하는 만큼 만들고, 여러 개의 꽃 줄기가 연결된 모양을 취향에 맞게 작업해보세요. 인터넷에서 사진을 찾아 따라 만들어도 좋고, 상상해서 만들어도 좋아요.

준비물	주름지, 철사 25cm 1개, 가위, 글루건
주름지 컬러	노란색, 흰색, 풀색
난이도	★★
소요 시간	10분(꽃 한 송이)
실물 도안	237쪽

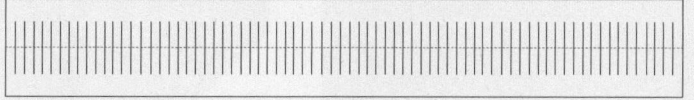

A×1
노란색

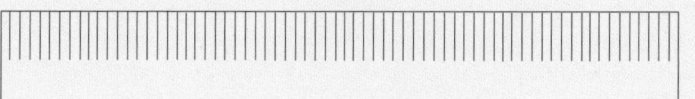

B×1
흰색

1×27cm

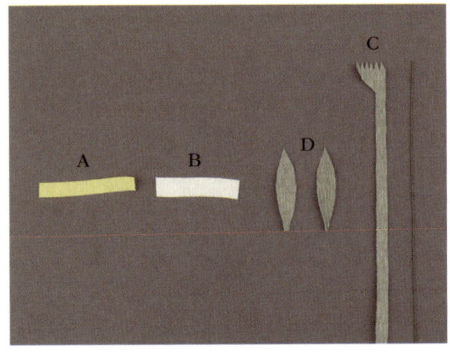

1. 수술 A 1장, 꽃잎 B 1장, 줄기 C 1장, 잎 D 2장을 재단합니다.

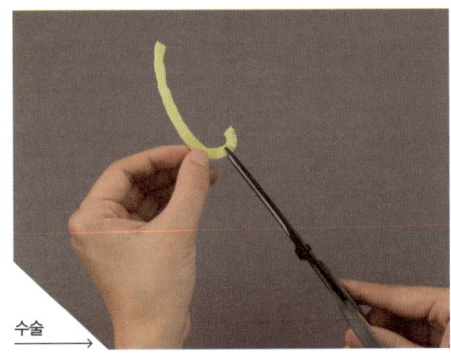

2. 수술이 될 A를 가로로 반 접은 뒤, 1~2mm 간격으로 가위질하세요.

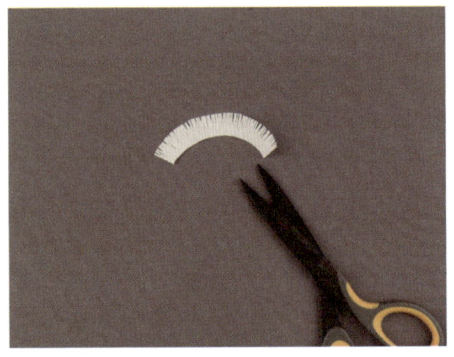

3. 꽃잎이 될 B는 접지 않은 채 1~2mm 간격으로 가위질합니다.

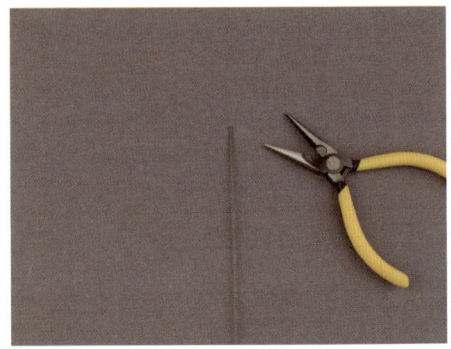

4. 롱노우즈로 철사 끝을 9자 모양으로 구부려주세요.

5. A 하단에 글루를 묻혀서 철사에 살짝 아래로 비스듬히 감아 붙입니다.
   tip 개망초는 반원 형태의 동그란 수술이 포인트이기 때문에 모양에 신경을 써주세요.

6. 꽃잎 B를 수술 위에 말아 붙입니다.
   tip 수술과 꽃잎의 하단이 일자가 되도록 위치를 맞춰주세요.

LOVELY FLOWER

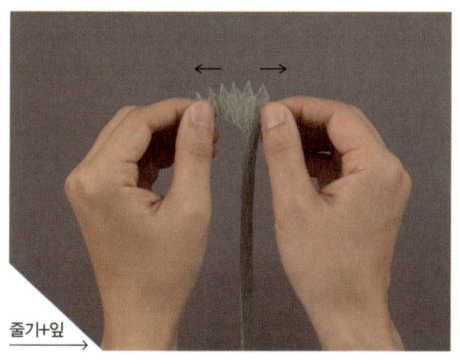

줄기+잎 →

7. 줄기 C의 꽃받침 부분의 주름을 좌우로 살짝 펍니다

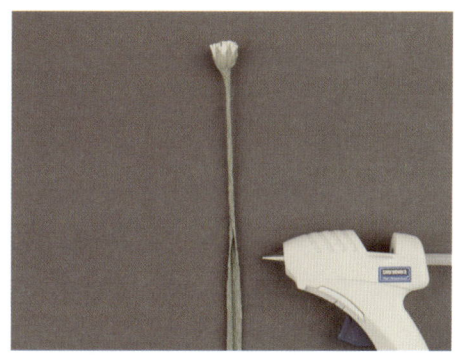

8. 글루를 써서 꽃받침부터 붙인 뒤, 줄기 전체를 붙여줍니다. 여기까지 하면 꽃 한 송이가 완성됩니다.

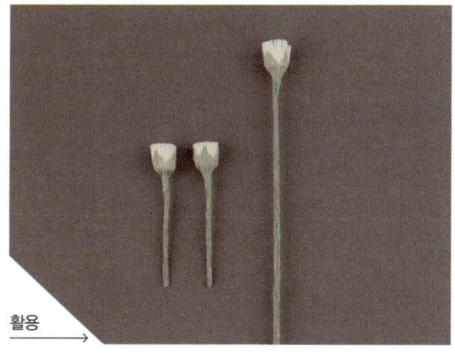

활용 →

9. 원하는 만큼 꽃을 더 만듭니다. 메인 줄기에 연결할 꽃들이므로 줄기로 쓸 철사는 7cm 정도로 짧게 잘라줍니다.

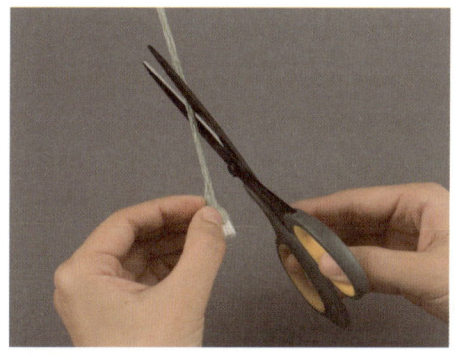

10. 메인 줄기에서 꽃을 연결하고 싶은 부분에 가위로 비스듬히 가위집을 냅니다. 각자 원하는 형태로 연결해주세요.

11. 저는 작은 꽃 두 송이를 먼저 Y자로 연결한 뒤에, 다시 메인 줄기에 꽂아봤어요.

tip 줄기를 연결하는 과정에서 철사가 길면 롱노우즈로 조금씩 잘라냅니다.

12. 잎 D 하단에 글루를 살짝 묻혀 줄기의 원하는 부분에 붙입니다.

13. 꽃잎을 바깥쪽으로 펼치세요.

14. 수술 부분을 엄지손가락으로 살짝 뭉개면 더 자연스러워집니다.

완성

꽃잎이 들쭉날쭉하다면 가위로 동그랗게 다듬어주세요.

Flower Note

화환에 흔히 쓰이는 꽃이 거베라입니다. 꽃잎의 윤곽이 뚜렷하고 색상도 선명해서 화려한 느낌이 강합니다. 원산지는 남아프리카이고, 꽃말은 '숭고한 아름다움'이라고 해요.

층층이 쌓아서
거베라

거베라는 수술(A,B)과 작은 꽃잎(C), 큰 꽃잎(D)을 순서대로 감아서 만듭니다. 계속 돌돌 말면 되기 때문에 어려운 과정은 없어요. 다만, 거베라처럼 꽃잎이 바깥쪽으로 젖혀진 꽃은 감아놓은 모습이 그대로 보이기 때문에 높이를 잘 맞춰가면서 정성스럽게 작업하는 것이 중요합니다.

준비물	주름지, 굵은 철사 27cm 1개, 롱노우즈, 가위, 글루건
주름지 컬러	갈색, 주황색, 진노랑색, 풀색
난이도	★★
소요 시간	20분
실물 도안	239쪽

D×1
진노랑색

F×1
풀색

A×1
갈색

B×1
주황색

C×1
진노랑색

E×1
풀색

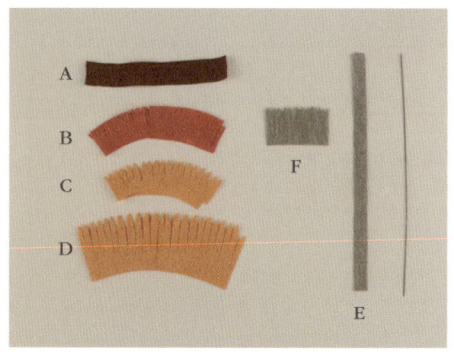

1. 수술 A 1장, B 1장, 꽃잎 C 1장, D 1장, 줄기 E 1장, 꽃받침 F 1장을 재단합니다.

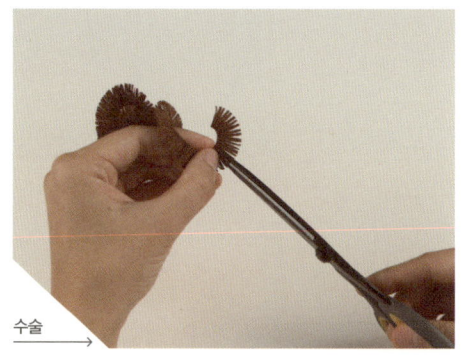

2. 갈색 주름지 A를 가로 방향으로 반 접은 후, 1mm 간격으로 채 썰 듯 가위질합니다.

3. 주황색 주름지 B는 접지 않고 1mm 간격으로 가위질해주세요.

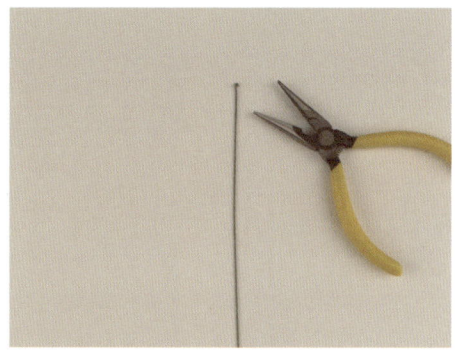

4. 롱노우즈로 철사 끝을 9자로 구부립니다.

5. 반 접은 A의 두 겹 사이에 철사를 넣고 글루로 고정하세요.

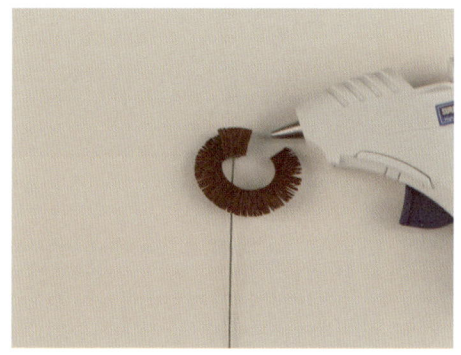

6. 그리고 A를 철사에 돌돌 말아 붙입니다.

7. 그 위에 B를 감아 붙일 건데요. 이때 B가 A보다 1~2mm 정도 위로 올라오게 합니다.

8. B까지 모두 감은 모습입니다.

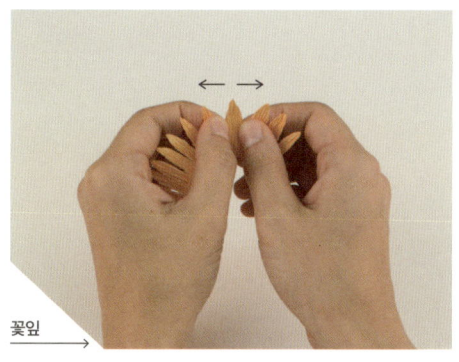

9. 꽃잎 C를 1장씩 잡고 좌우로 주름을 펴세요. (꽃잎 기본 펴기 18쪽)

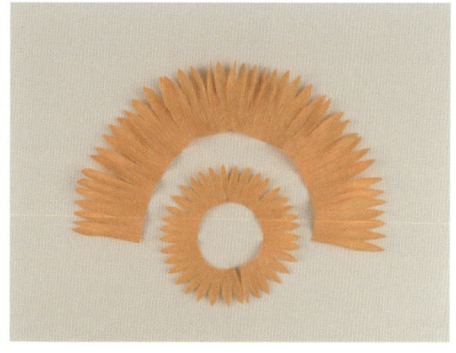

10. 꽃잎 D도 꽃잎의 주름을 하나씩 펴서 준비합니다. 사진은 주름을 편 C와 D의 모습입니다.

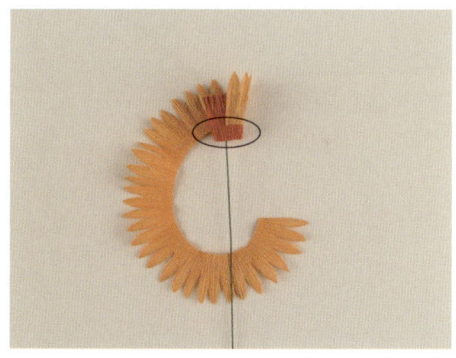

11. 꽃잎 C 하단에 글루를 묻혀서 B 위에 감아주세요. 하단을 봤을 때 B보다 C의 시작점이 1cm 정도 높게 올라오도록 위치를 잡습니다.

12. C까지 감아준 모습입니다.

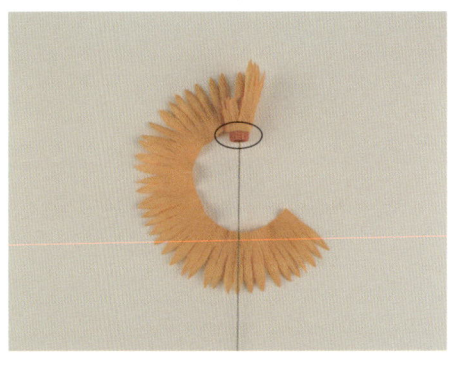

13. 그 위에 D도 감아 붙입니다. 하단을 봤을 때 D의 시작점이 C보다 더 위쪽에 있도록 위치를 잡아주세요.

14. D까지 다 감으면 꽃이 완성됩니다.

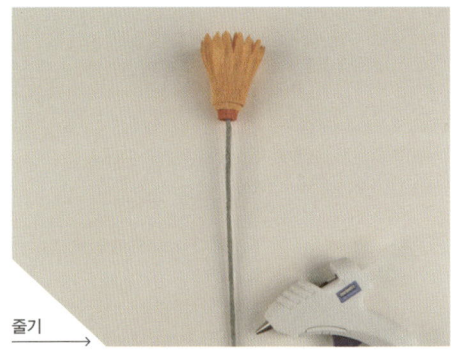

15. 줄기 E로 철사를 감싸고 글루로 붙여주세요. 한 번에 하려고 하지 말고, 위에서부터 아래로 조금씩 글루를 묻히면서 붙이면 쉽습니다.

16. 꽃받침 F의 상단을 좌우로 잡아 당겨 부채꼴 모양을 만드세요.

17. 꽃받침은 하단에 2cm 정도 여분을 남기고 붙여주세요. 18~19단계에서 꽃 아랫부분을 꽃받침으로 감싸기 위해서입니다.

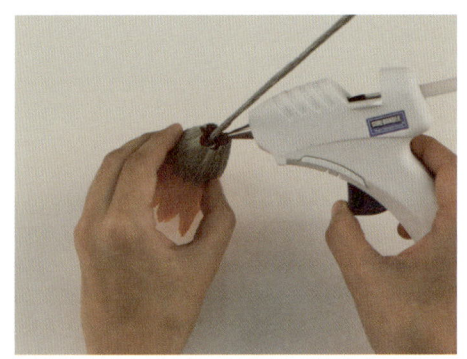

18. 꽃받침 안쪽에 글루를 묻힙니다.

19. 꽃받침 하단을 손으로 꾹꾹 눌러서 꽃 아랫부분을 사진처럼 감싸주세요.

20. 꽃잎을 바깥쪽으로 펼쳐줍니다.

21. 꽃잎을 손바닥으로 몇 번 쓸어내리면 꽃잎이 바깥쪽으로 자연스럽게 구부러집니다.

완성
색상이 화려한 거베라는 투명하거나 심플한 꽃병에 꽂으면 잘 어울려요.

Flower Note

수국의 색은 다양하지만, 특히 파랑과 분홍 계열이 많습니다. 작은 꽃들이 동그랗게 모여 하나의 꽃을 이루는데요. 우리가 작은 꽃이라고 생각하는 것은 사실 꽃이 아니라 꽃받침이라고 해요. 하지만 쉬운 이해를 위해 그냥 꽃이라고 지칭할게요.

모일수록 예쁜 수국

수국처럼 작은 꽃들이 모여서 한 송이가 되는 꽃은 취향에 따라 꽃의 개수를 조절하면 되기 때문에 도안에는 작은 꽃 한 송이만 그려놓았습니다. 꽃잎(A) 2장을 십(十)자 모양으로 철사에 끼우면 작은 꽃 한 송이가 되는데요. 작은 꽃을 충분히 만들어서 동그란 꽃볼 모양으로 잡아줍니다.

준비물	주름지, 굵은 철사 25cm 1개, 가는 철사 12cm 2개, 흰색 철사 10cm 1개, 송곳, 롱노우즈, 가위, 글루건
주름지 컬러	하늘색, 풀색
난이도	**
소요 시간	30분
실물 도안	241쪽

C×1
풀색

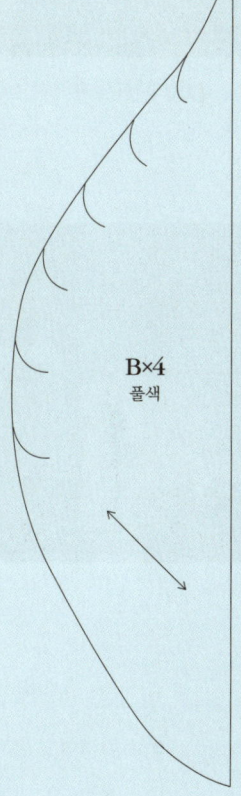

B×4
풀색

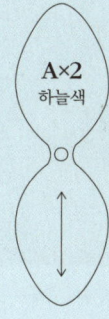

A×2
하늘색

1.5×25.5cm

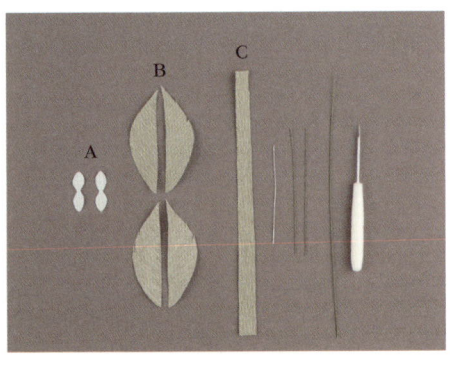

1. 꽃잎 A 2장, 잎 B 4장, 줄기 C 1장을 재단합니다.

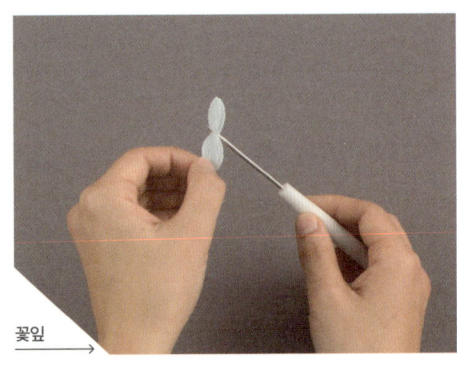

2. 꽃잎 A 2장을 겹쳐서 잡은 뒤, 한가운데에 송곳으로 구멍을 뚫습니다.

3. 롱노우즈로 흰색 철사 끝을 9자 모양으로 구부리세요.

4. 꽃잎 A 1장을 흰색 철사의 상단 2/3 지점까지 끼웁니다.

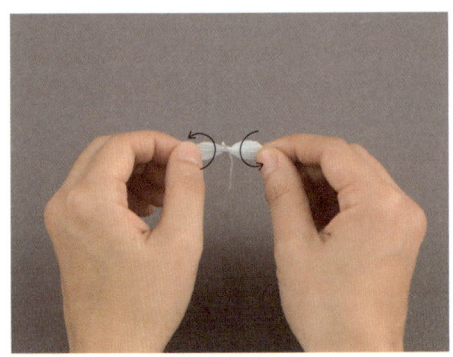

5. 양쪽 꽃잎을 양손으로 잡은 뒤 두 번 비틀어주세요.

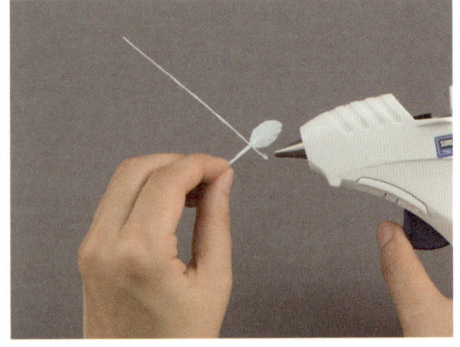

6. 흰색 철사의 9자로 구부러진 곳에 글루를 아주 소량 묻혀요.

7. 글루를 묻힌 곳까지 꽃잎을 올려 고정합니다.

8. 나머지 A 1장도 철사에 끼워 두 번 비틀어요.

9. 첫 번째 끼운 꽃잎의 뒷면에 글루를 소량 묻혀서 2장의 꽃잎이 십(+)자 모양이 되도록 고정하세요.

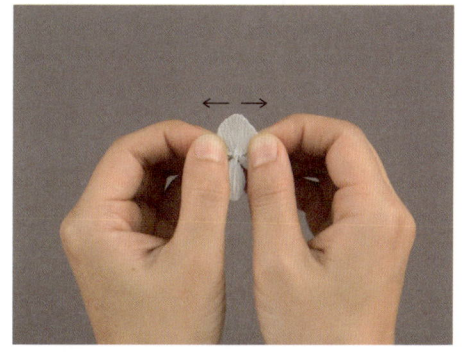

10. 각 꽃잎의 주름을 좌우로 약간만 펴줍니다.

11. 원하는 만큼 작은 꽃을 만듭니다. 저는 25송이를 만들었는데, 더 풍성하게 하고 싶다면 30송이 이상 만들어주세요.

12. 굵은 철사(25cm)를 가운데에 두고 작은 꽃송이 전부를 한 손에 모아 잡습니다. 이때 사진처럼 수국의 반구 모양을 예쁘게 잡아주세요.

13. 작은 꽃의 흰색 철사 중 하나를 무작위로 잡아서 나머지 꽃을 둘둘 감아 고정합니다.

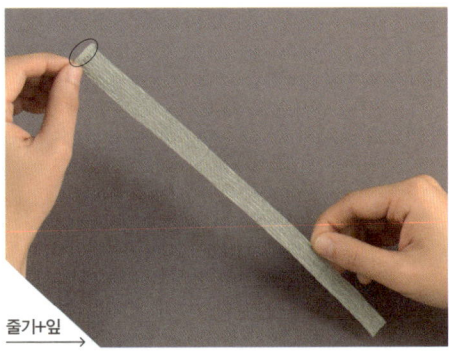

14. 줄기가 될 C 상단을 5mm 정도 안쪽으로 접으세요. 꽃받침이 따로 없는 꽃의 경우 이렇게 상단을 살짝 접으면 더 깔끔해 보여요.

15. 줄기를 굵은 철사(25cm)에 감싸 붙입니다.

16. 잎 B에 가는 철사(12cm)를 사진처럼 붙입니다.

17. 반대쪽 잎도 글루로 붙여주세요. 잎맥이 V자인지 확인합니다.

    tip 글루가 굳기 전에 16~17단계를 빠른 속도로 진행하면 17단계에서 추가로 글루를 묻히지 않아도 됩니다.

18. 나머지 잎 하나도 같은 방법으로 만듭니다.

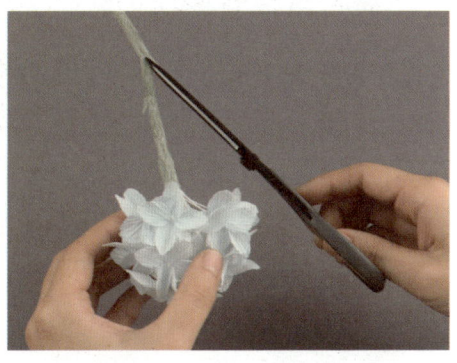 

19. 줄기 상단에서부터 4cm, 6cm 지점에 비스듬히 가위집을 내세요.

20. 잎을 꽂고 글루로 고정합니다.

완성
잎과 꽃을 여러 번 매만지면서 모양을 예쁘게 잡아주세요.

Flower Note
레인보우 마르셀라라는 이름은 낯설겠지만 어디서든 잘 자라는 꽃이어서 길가의 화단에서 마주쳤을 수도 있어요. 꽃잎이 바깥쪽으로 완전히 젖혀져서 수술 부분이 잘 드러나는데요. 여름이 가고 수술에 박힌 씨앗들이 땅에 떨어지면 새들에게 소중한 먹이가 된다고 하네요.

꽃잎을 젖혀 레인보우 마르셀라

갈색 수술(A)과 주황색 꽃잎(B)으로 이루어진 심플한 꽃입니다. 수술을 철사 끝에 돌돌 감은 뒤, 다시 수술 주변으로 꽃잎을 돌돌 감아줍니다. 꽃잎이 바깥쪽으로 완전히 젖혀지고 갈색 수술이 주인공처럼 드러나는 꽃이기 때문에, 수술을 감을 때 신경을 써주면 좋습니다. 꽃잎을 여러 번 매만져서 완전히 바깥쪽으로 굽을 수 있게 모양을 잡아주는 것도 중요해요.

준비물	주름지, 굵은 철사 27cm 1개, 롱노우즈, 가위, 글루건, 주황색 마커
주름지 컬러	갈색, 진노랑색, 풀색
난이도	✽
소요 시간	20분
실물 도안	243쪽

C×1 풀색
B×1 진노랑색
A×1 갈색

1.5×25cm

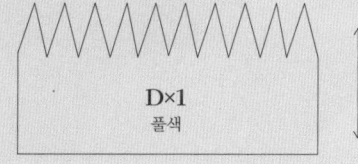

D×1 풀색

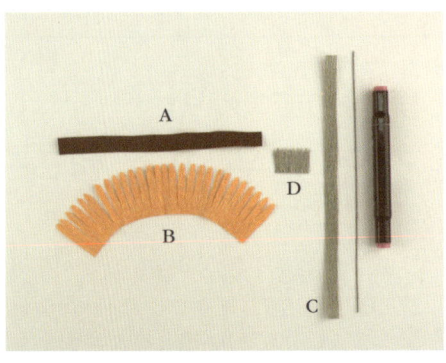

1. 수술 A 1장, 꽃잎 B 1장, 줄기 C 1장, 꽃받침 D 1장을 재단합니다.

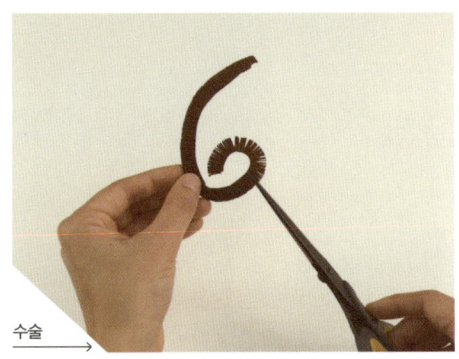

2. 수술이 될 A를 가로 방향으로 반 접은 후 1~2mm 간격으로 가위질합니다.

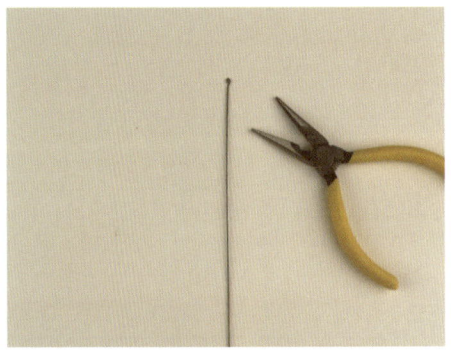

3. 롱노우즈로 철사 끝을 9자로 구부리세요.

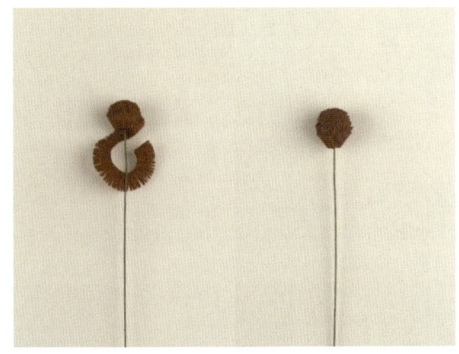

4. A를 철사 끝에 아래쪽으로 비스듬히 감아서 붙입니다.

    tip 이 꽃은 수술 모양이 잘 보입니다. 수술을 솔방울 모양처럼 예쁘게 감아주세요.

5. 꽃잎 B의 1/2을 주황색 마커로 칠하세요. 세로 방향으로 칠하되, 아래에서 위로 갈수록 연해진다는 느낌으로 칠해주세요.

6. B 하단에 글루를 묻혀 철사에 감아 붙입니다.

    tip 꽃잎 하단과 수술 하단이 일자가 되도록 위치를 잡아주세요.

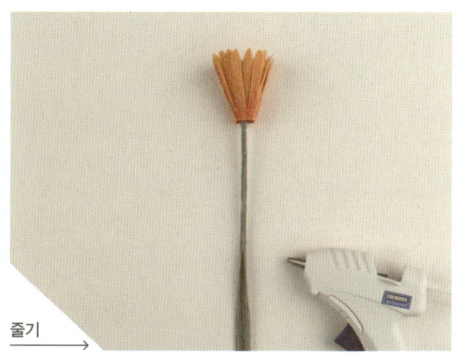

줄기

7. 글루를 사용해 줄기 C를 철사에 감아 붙입니다.

8. 꽃받침 D를 붙입니다. 길이가 모자라면 살짝 주름을 펴면서 붙이세요.
   tip 꽃받침 하단은 1cm 정도 남겨주세요.

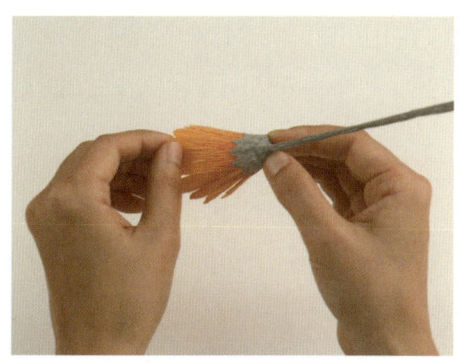

9. 남겨놓은 꽃받침 하단의 안쪽에 글루를 묻히고 사진처럼 꽃 하단을 감싸주세요.
   tip 글루가 완전히 굳을 때까지 잠시 꾹 누릅니다.

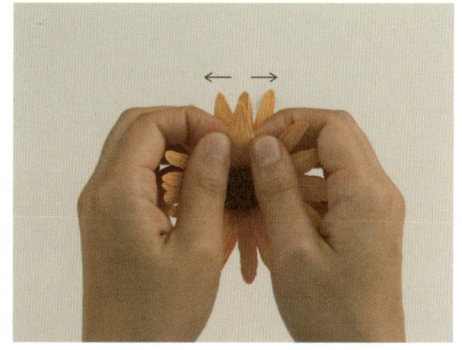

10. 꽃잎을 하나씩 최대한 바깥쪽으로 펼치고, 꽃잎의 주름도 하나씩 양쪽으로 펴줍니다.
    tip 꽃잎 주름을 이렇게 마지막에 펴면 만드는 과정에서 꽃잎이 망가질 염려가 없어요.

완성

가운데 수술 부분은 엄지손가락으로 뭉개서 자연스럽게 만듭니다.

187

SPECIAL CLASS 4

꽃다발 만들기

지금까지 만든 26가지의 꽃들을 다양하게 믹스해보세요. 포장지로 꽃을 다시 한 번 감싸도 좋고, 마끈으로 리본만 묶어줘도 멋스러워요. 꽃다발은 친구나 연인에게 선물하거나, 사진 소품으로 활용하기 좋습니다.

Suggestion 1
데이지(76쪽)+부바르디아(70쪽)+레몬잎(56쪽)
흰색 꽃은 어떤 꽃이나 잎과도 조화롭게 잘 어울려요.

Suggestion 2
개망초(166쪽)+골든볼(34쪽)
+유칼립투스(106쪽)
꽃 크기가 작은 것들을 모으면
앙증맞고 귀여운 느낌이 듭니다.

Suggestion 3
작약(94쪽)+올리브잎(60쪽)
꽃 크기가 큰 꽃은 한두 송이만 모아도
존재감 넘치는 꽃다발이 완성돼요.

Epilogue

내가 만든 꽃이 책과 조금 다르다고,
꽃잎끼리 크기가 맞지 않다고 실망하지 마세요.

세상의 꽃들이
한 송이 한 송이 모두 생김새가 다른 것처럼
소중하지 않고 가치 없는 꽃은 없답니다.

'넌 그런 모습이구나' 하고
애정 어린 시선으로 바라봐주세요.

페이퍼 플라워 결과물엔 정답이 없다는 여유로운 마음이
더 예쁜 꽃을 피울 수 있는 밑바탕이 되어줄 거예요.

꽃을 사랑하는 당신께
예쁜 하루하루가 계속되기를 바랄게요.

Editor's letter

감각적인 솜씨로 소문난 작가님과 '체험하는 책'을 꾸준히 연구해온 자기만의 방 팀이
페이퍼 플라워로 만났습니다. 저렴하면서 다양한 연출이 가능한 주름지만 사용하여 누구나 어렵지 않게,
짧은 시간에 멋진 '작품'을 만들어볼 수 있습니다. **민**

자기만의 방 마을에 꽃을 심었습니다. 꽃을 가꾸는 마음으로 페이퍼 플라워를 만들어보세요. **희**

손끝에서 꽃이 피어나는 기쁨! 새 옷을 입은 책의 아름다움도 맘껏 누려보세요. **현**

예쁜 것을 좋아하는 주민님을 위해 책도 더 예뻐졌습니다. (짜잔) 부디 주민님께 듬뿍 예쁨받기를요. **령**

**페이퍼 플라워를
추천합니다(리커버)**

1판 1쇄 발행일 2018년 2월 6일
리커버 에디션 발행일 2020년 10월 20일

지은이 이예솔
발행인 김학원
발행처 (주)휴머니스트출판그룹
출판등록 제313-2007-000007호(2007년 1월 5일)
주소 (03991) 서울시 마포구 동교로23길 76 (연남동)
전화 02-335-4422   **팩스** 02-334-3427
저자·독자 서비스 humanist@humanistbooks.com
홈페이지 www.humanistbooks.com
시리즈 홈페이지 blog.naver.com/jabang2017
디자인 디자인 이프   **사진** 이시우, 디어무이   **용지** 화인페이퍼   **인쇄** 삼조인쇄   **제본** 정민문화사

자기만의 방은 (주)휴머니스트출판그룹의 지식실용 브랜드입니다.

ⓒ 이예솔, 2018
ISBN 979-11-6080-107-1 13630

- 이 책은 저작권법에 따라 보호를 받는 저작물이므로 무단 전재와 무단 복제를 금합니다.
- 이 책의 전부 또는 일부를 이용하려면 반드시 저자와 (주)휴머니스트출판그룹의 동의를
  받아야 합니다.

이 도서의 국립중앙도서관 출판예정도서목록(CIP)은 서지정보유통지원시스템 홈페이지
(http://seoji.nl.go.kr)와 국가자료공동목록시스템(http://www.nl.go.kr/kolisnet)에서
이용하실 수 있습니다. (CIP제어번호: CIP2018001674)

부록

실물 도안 이렇게 사용하세요

이 책의 모든 도안은 축소를 하지 않은 100% 실제 사이즈입니다.
따로 확대 복사를 할 필요 없이 바로 잘라서 편리하게 사용하세요.

도안 기호 이해하기

←——→	주름지 방향	재단할 때 화살표 방향과 주름지의 주름 방향이 일치해야 합니다.
———	자르는 선	선을 따라 가위로 잘라주세요.
-------	접는 선	선을 따라 접는 곳입니다.
●	비트는 곳	주름지를 나비 넥타이 모양으로 비틀어주세요.
○	구멍 뚫는 곳	송곳으로 구멍을 뚫는 곳입니다.
∼∼∼	축약	책의 크기보다 큰 사이즈의 도안은 길이를 일부 축약하거나 반복되는 곳을 생략하여 실었습니다.
◎	매듭짓는 곳	바느질 할 때 마무리로 매듭을 묶을 때처럼 한 번 묶습니다.

도안대로 재단하는 법

1. 책에 있는 실물 도안을 '자르는 선'을 따라 가위로 자릅니다. 이때, 도안의 화살표 방향과 실제 주름지 방향이 일치하는지 꼭 확인하세요.
2. 주름지 위에 실물 도안을 대고 똑같은 모양으로 자르세요.

재단이 쉬워지는 노하우

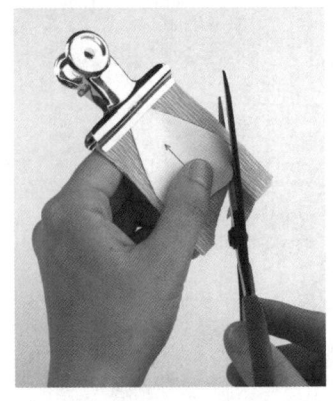

1. 축약 표시(∼)가 있는 도안의 경우, 적혀 있는 실제 사이즈를 참고하여 재단하세요.
2. 여러 장의 꽃잎이나 잎을 잘라야 하는 경우, 꽃잎을 하나하나 자를 필요 없이 주름지를 접어서 겹친 뒤에 한 번에 자르면 빠르게 작업할 수 있어요. 이때 여러 겹의 주름지를 사진처럼 집게로 고정한 뒤 자르면 편리합니다.
3. 주름지는 A4 용지처럼 반듯하게 자르기가 어렵습니다. 하지만 걱정하지 마세요. 자연에 있는 꽃의 모양도 하나하나 들여다 보면 모두 다르니까요. 도안와 조금 달라도 순서대로만 작업하면 자연스러운 꽃을 만들 수 있습니다.

다알리아

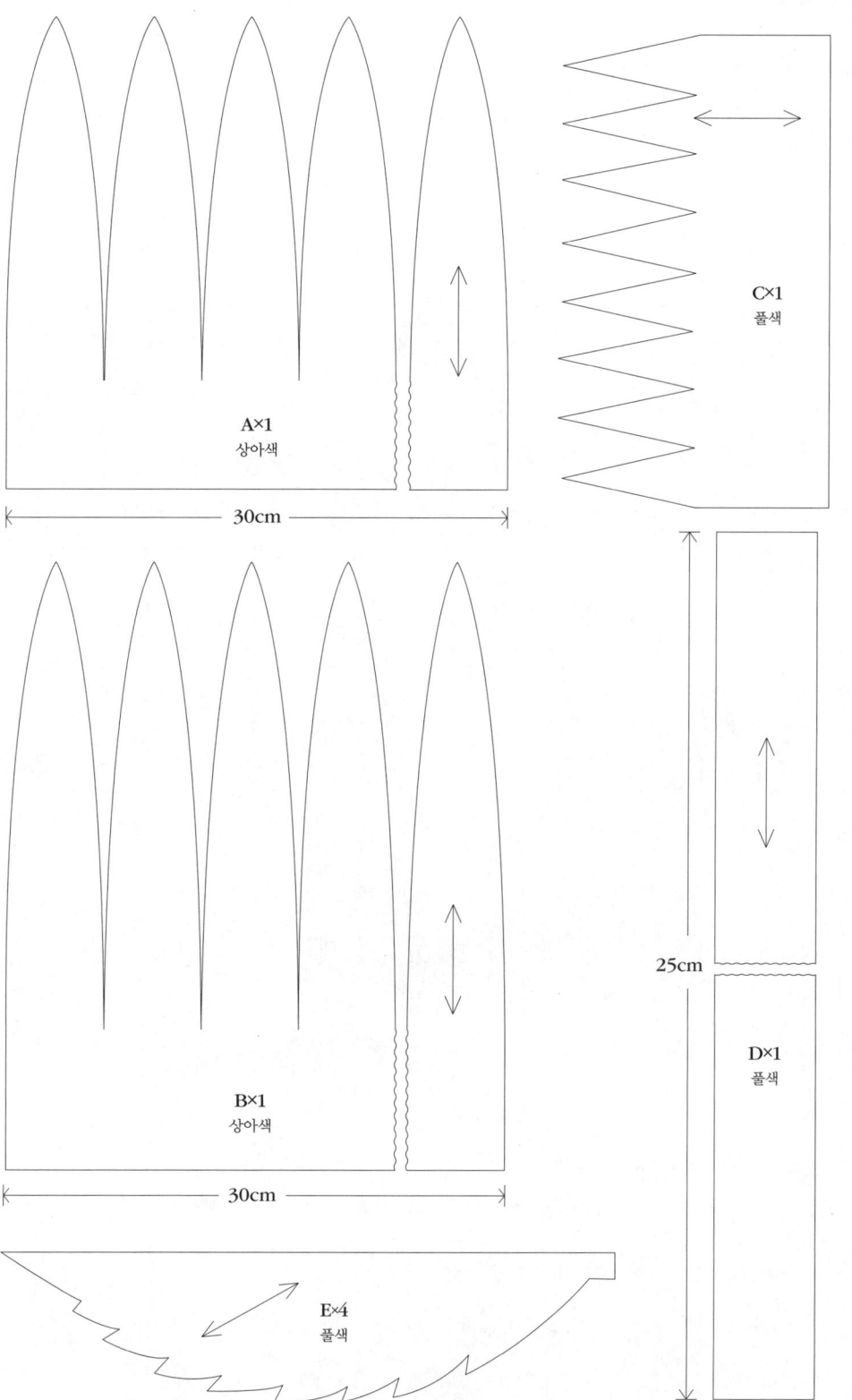

골든볼

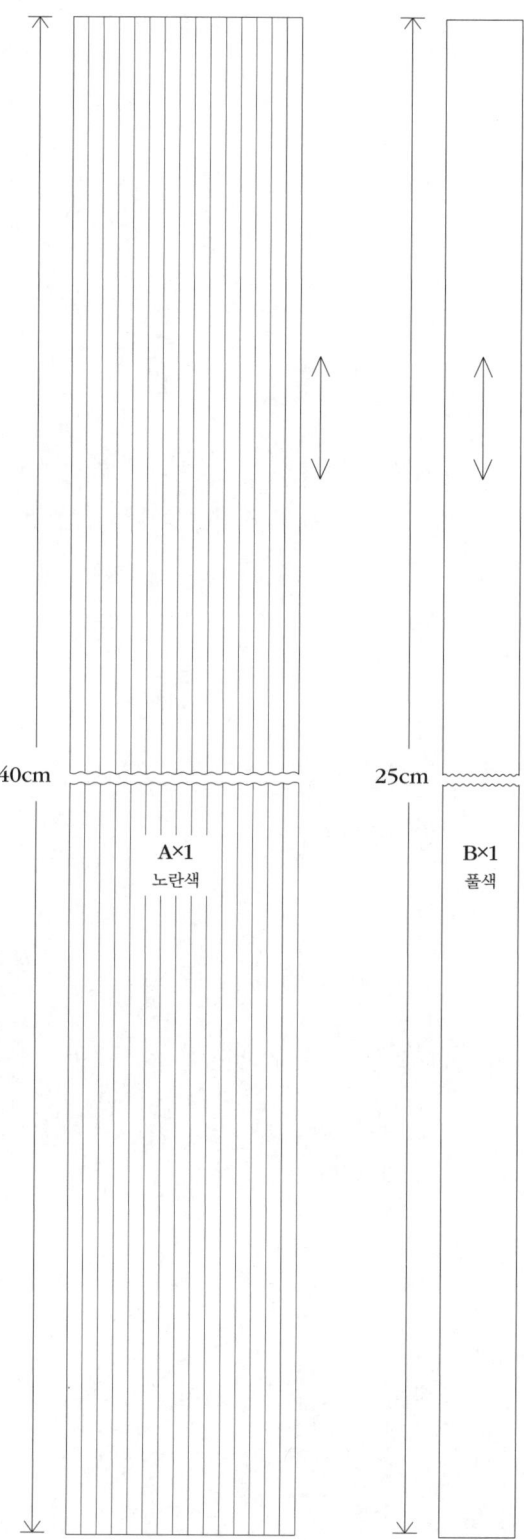

40cm 25cm

A×1 B×1
노란색 풀색

197

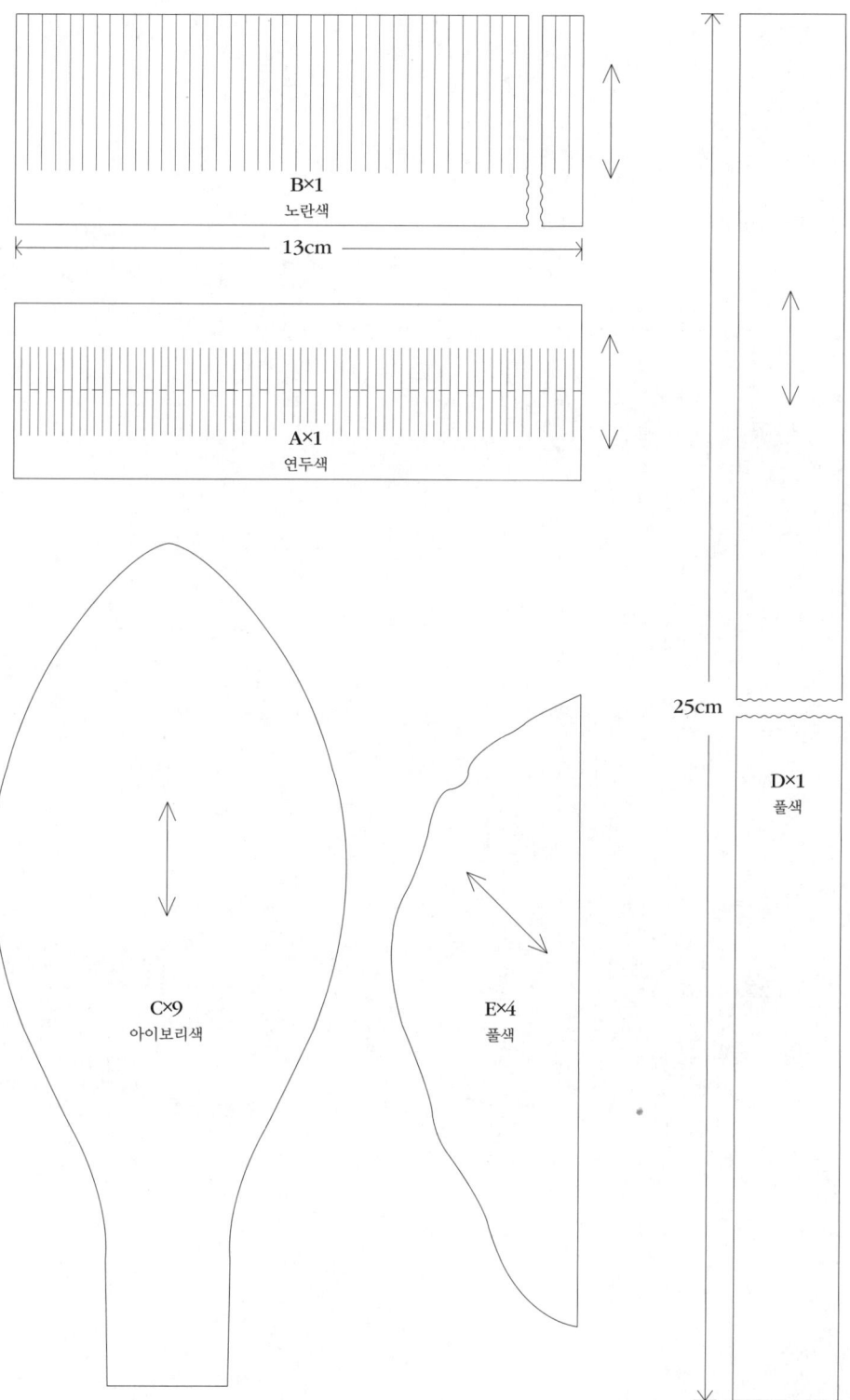

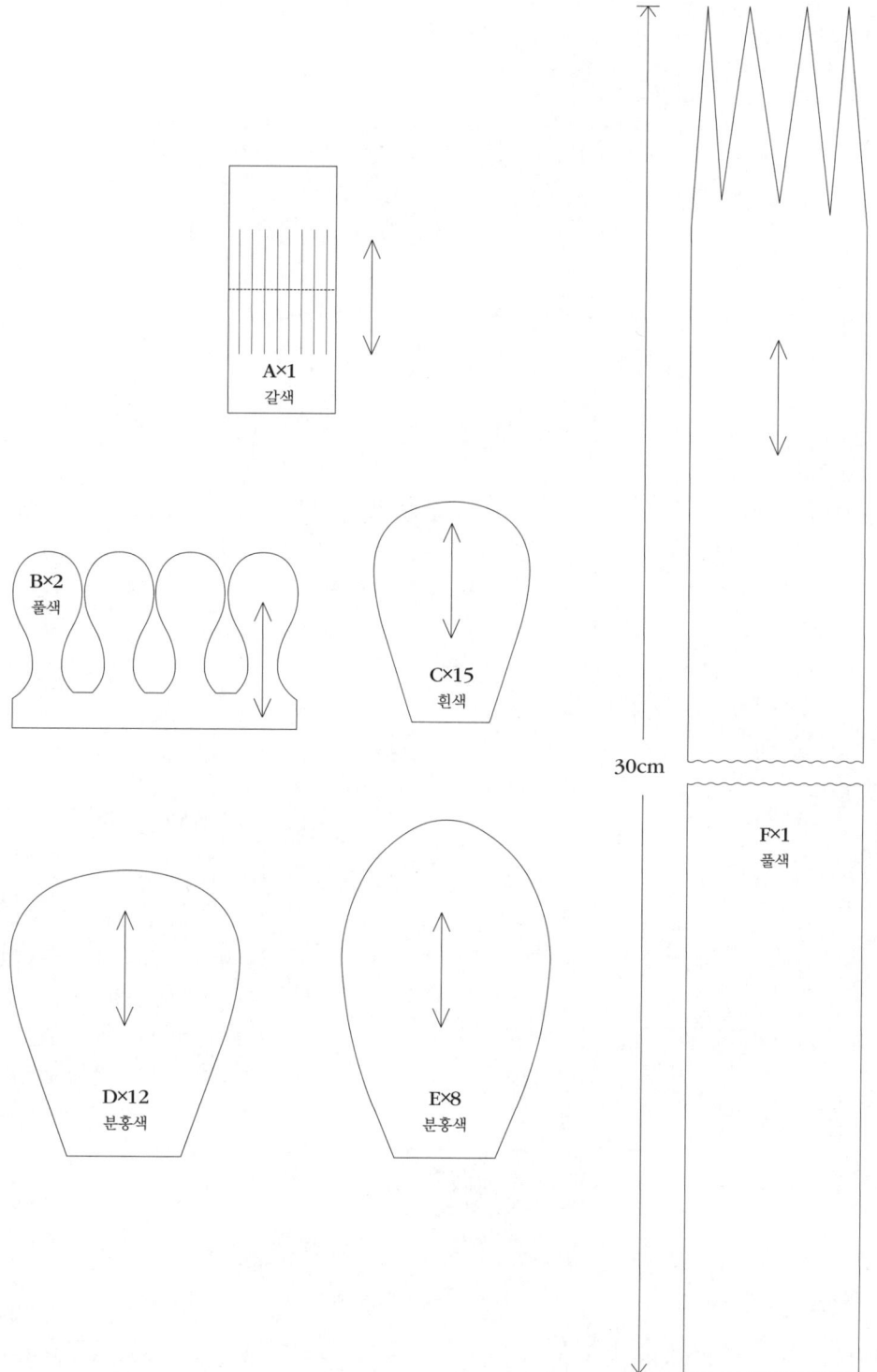

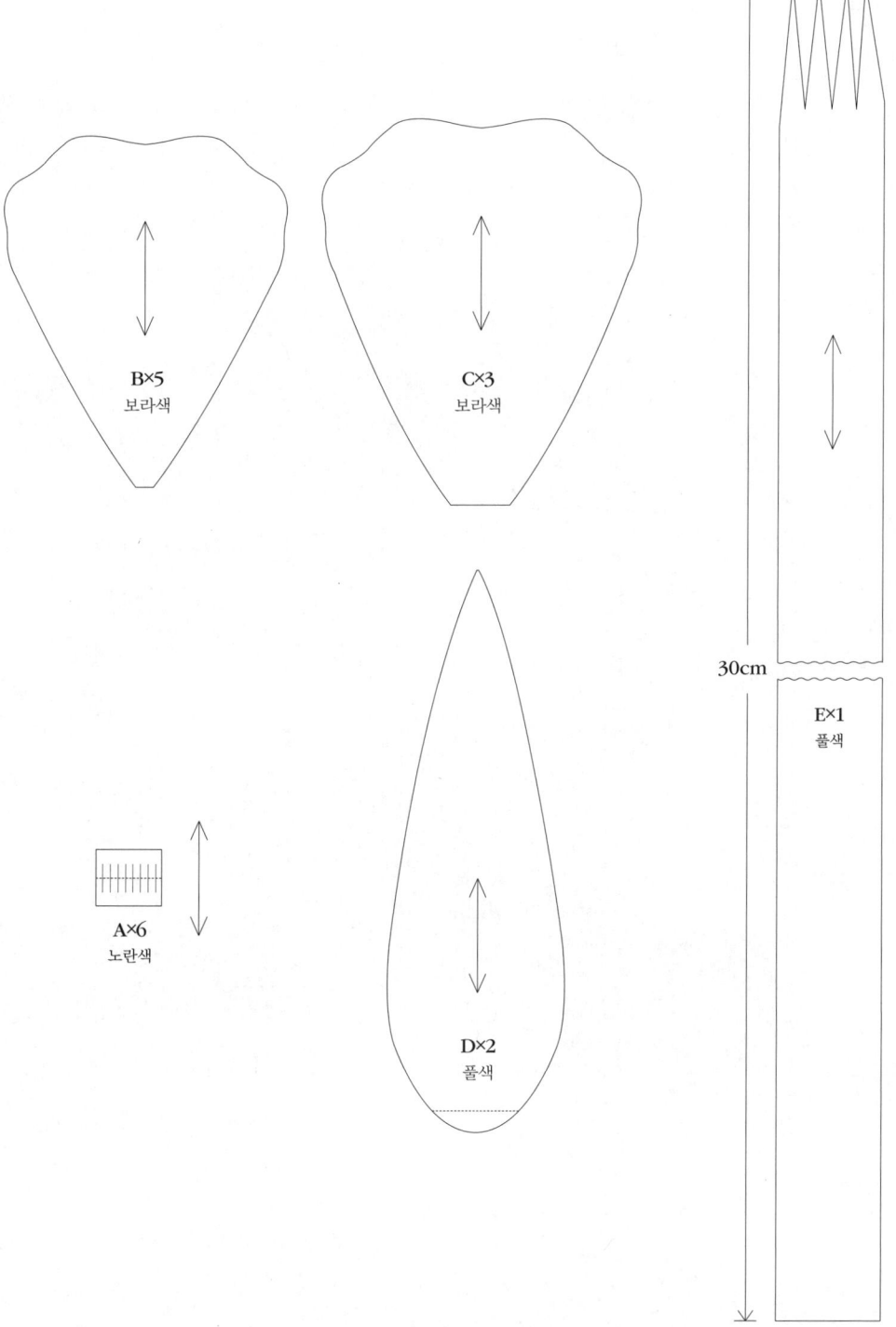

레몬잎

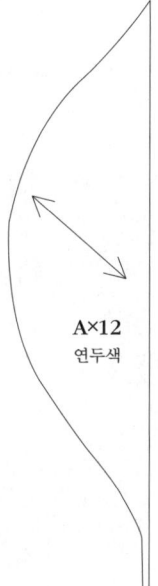

A×12
연두색

올리브잎

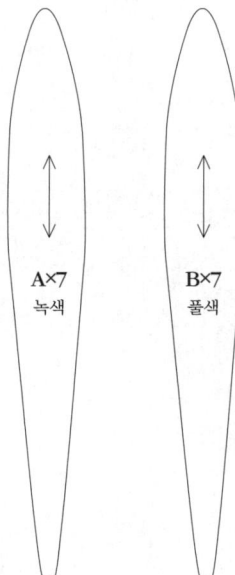

A×7　　B×7
녹색　　풀색

부바르디아

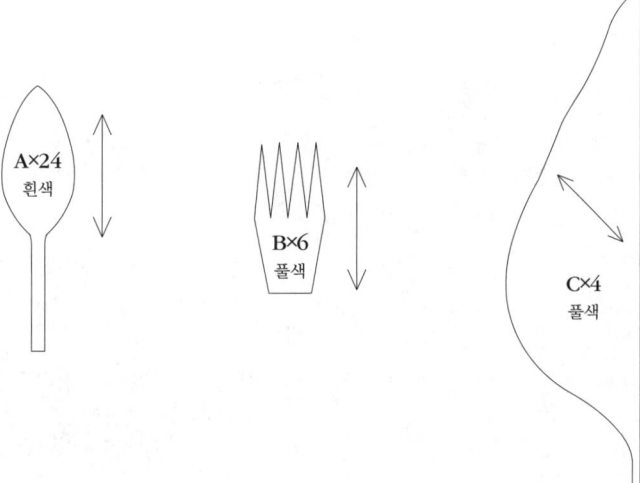

유칼립투스

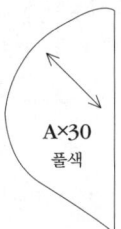

데이지

A×1
노란색

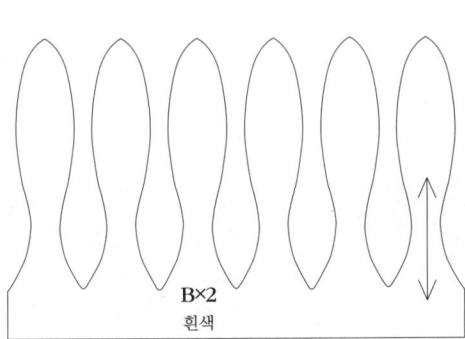

B×2
흰색

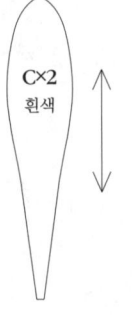

C×2
흰색

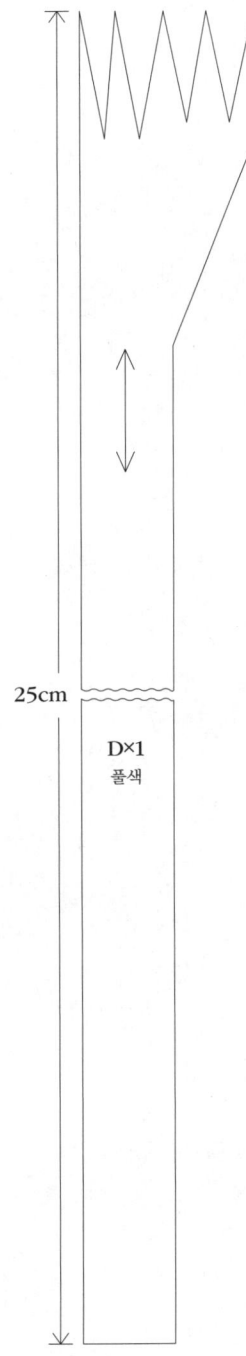

25cm

D×1
풀색

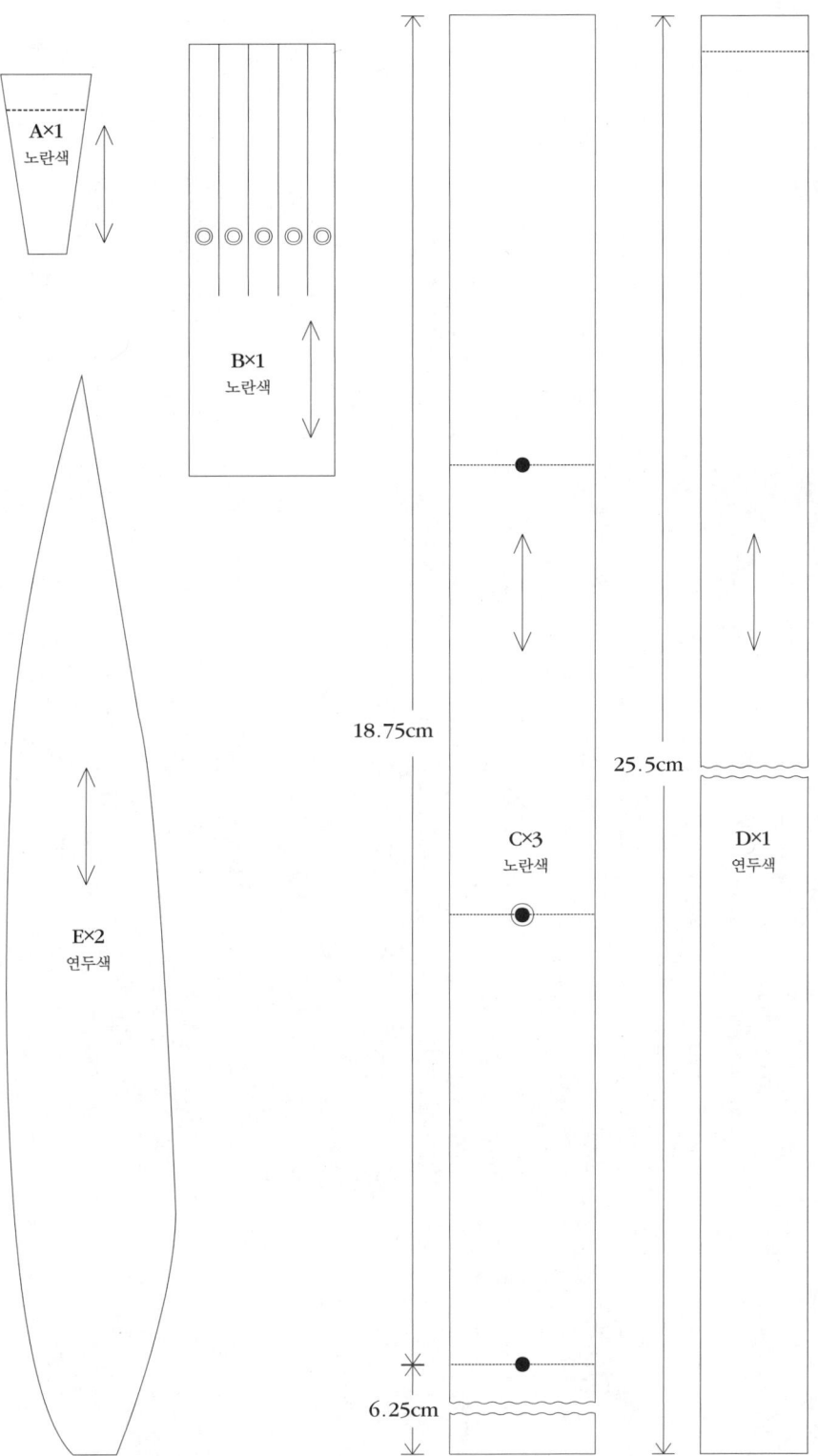

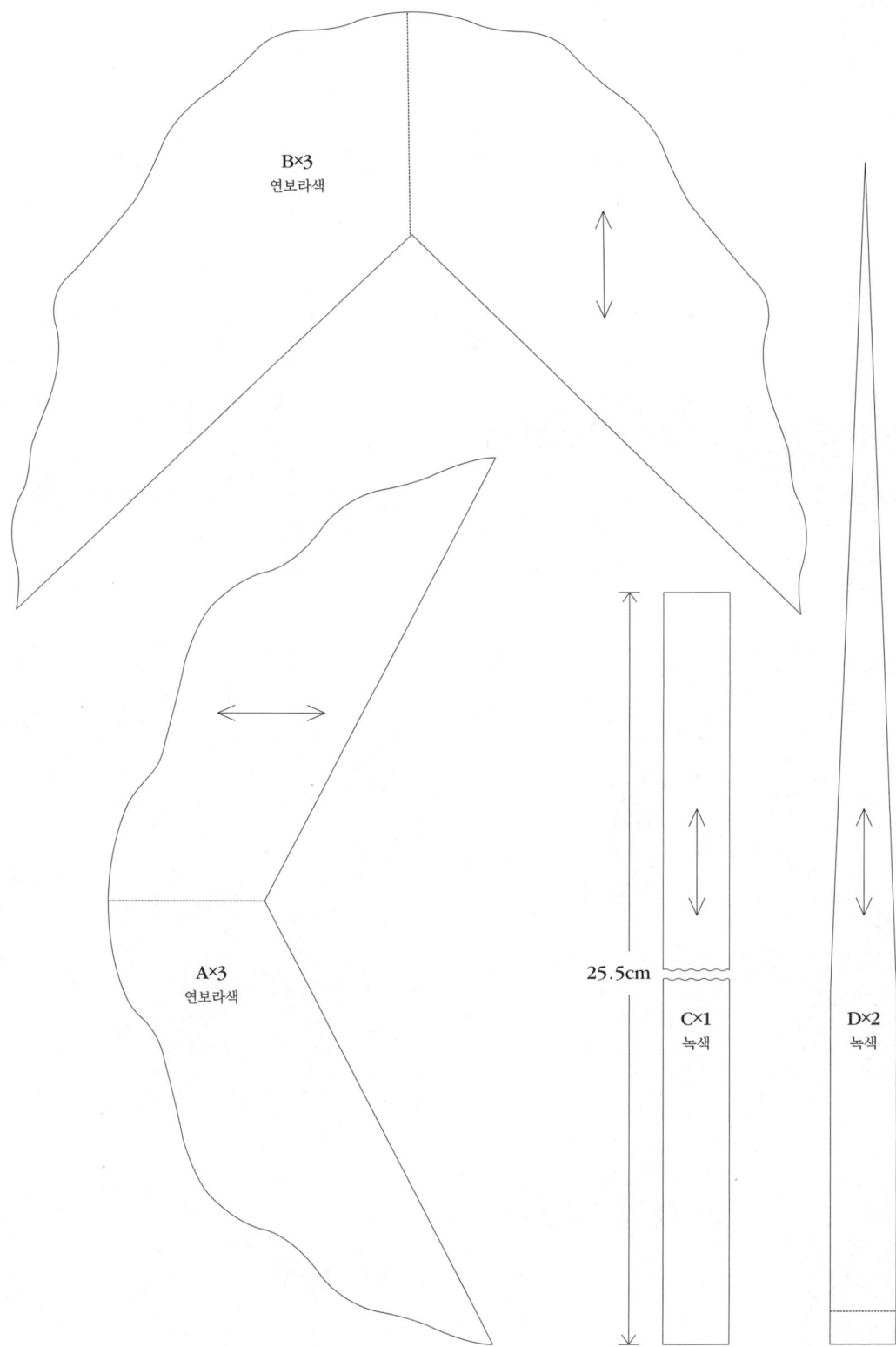

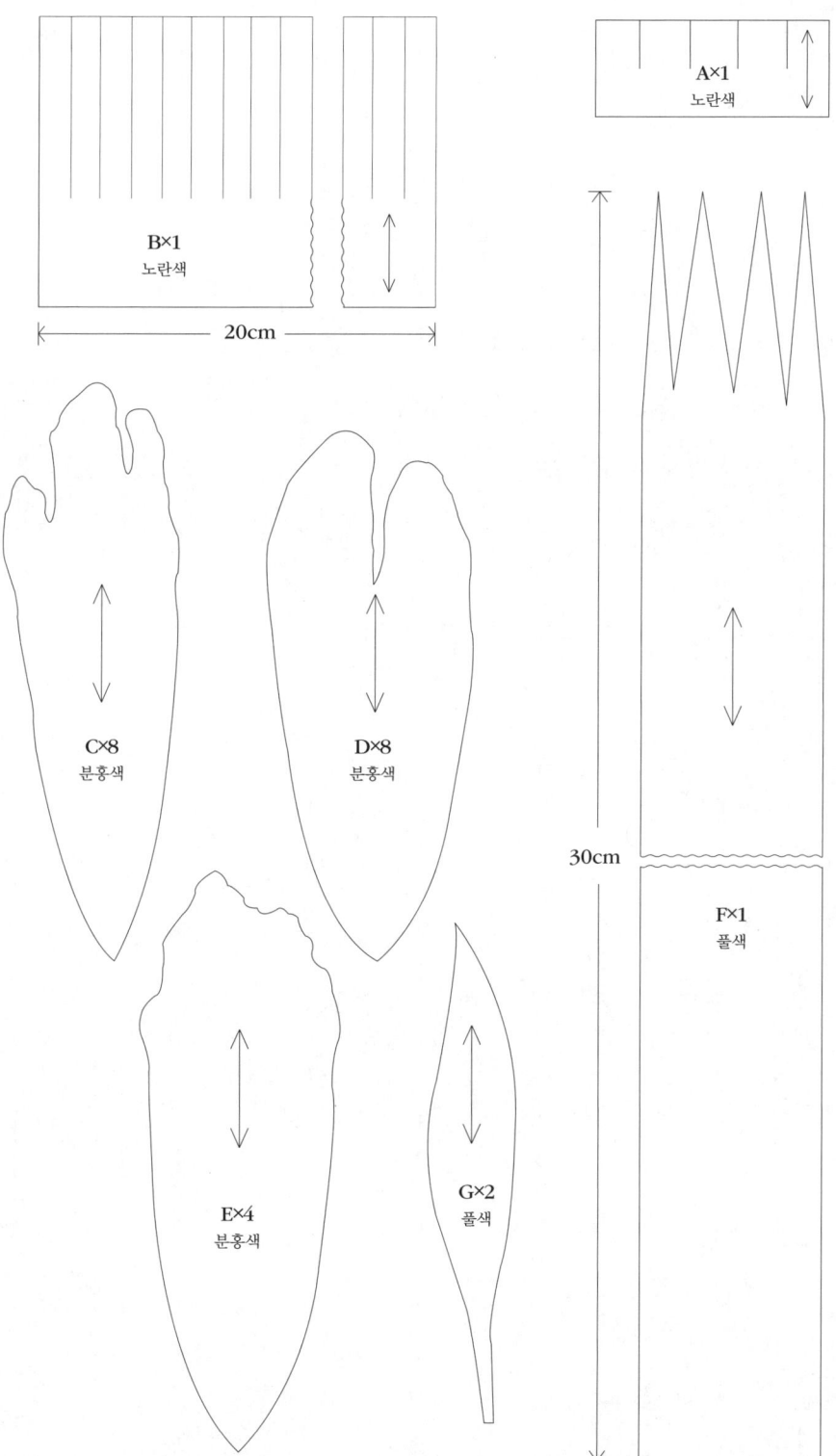

해바라기

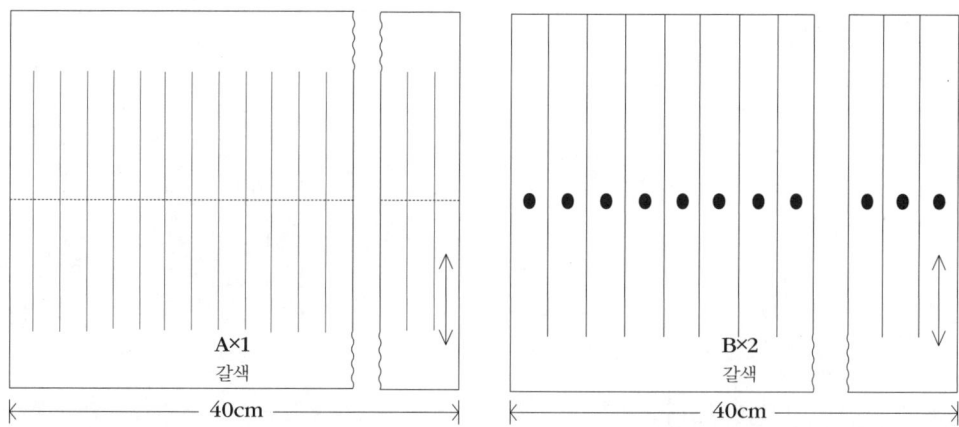

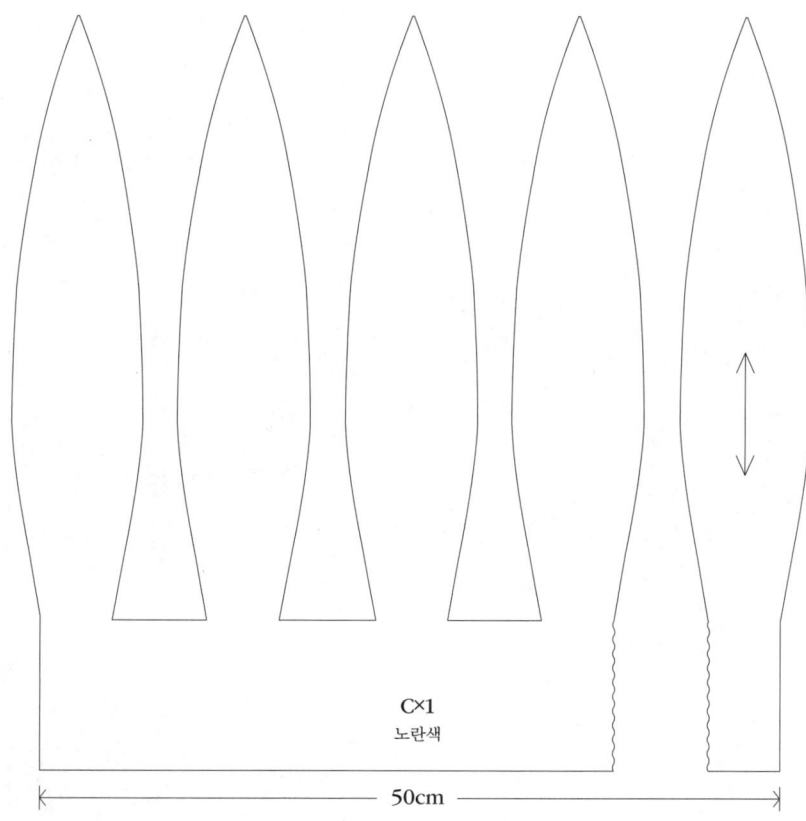

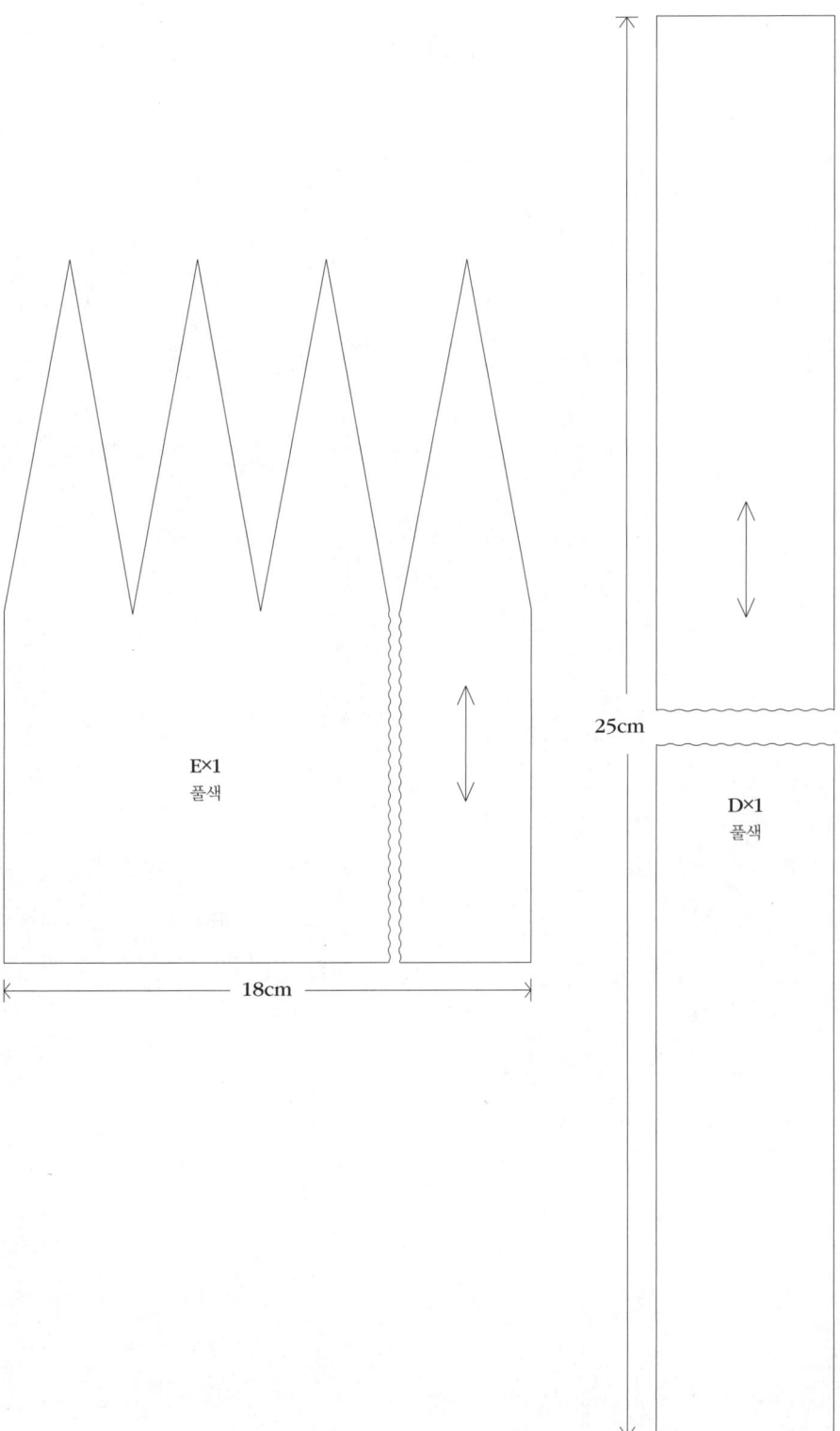

벚꽃

프리지아

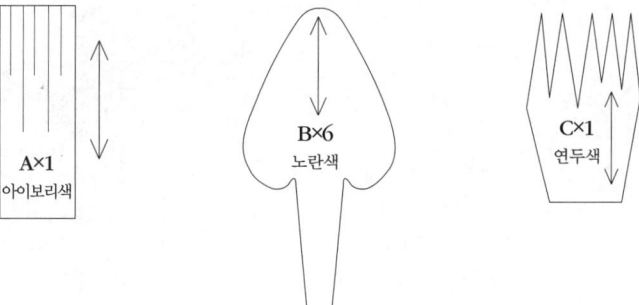

221

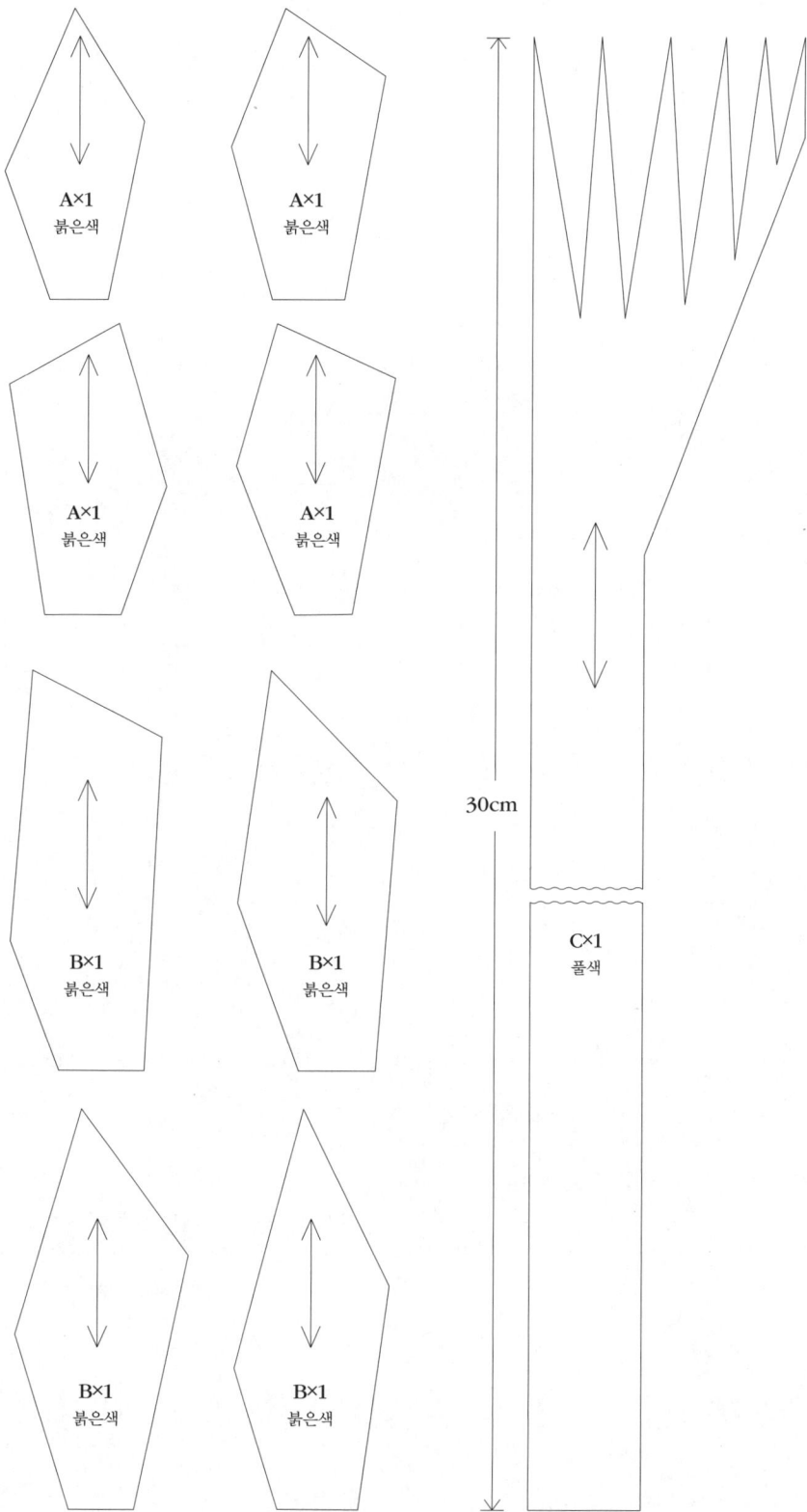

카네이션

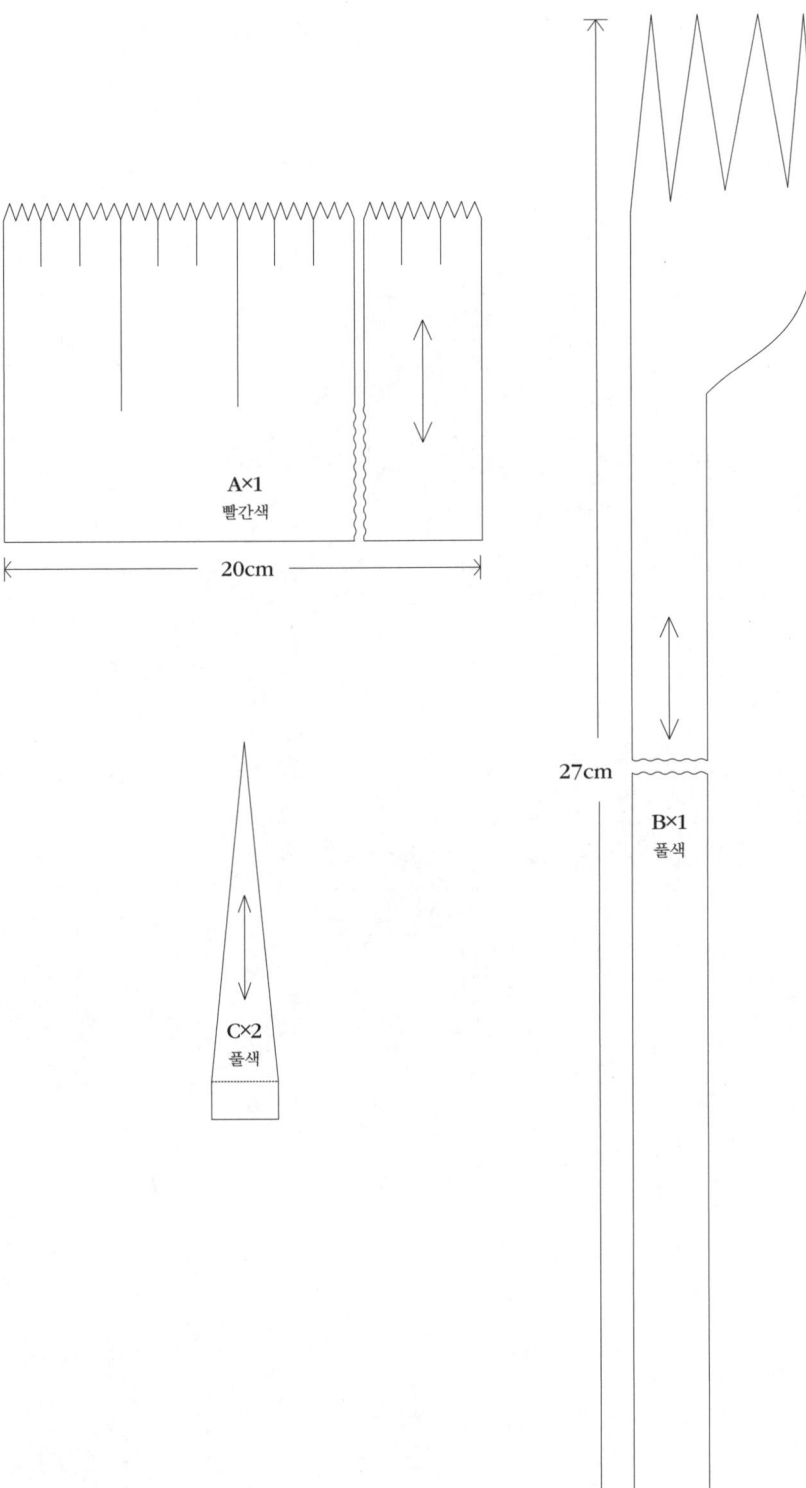

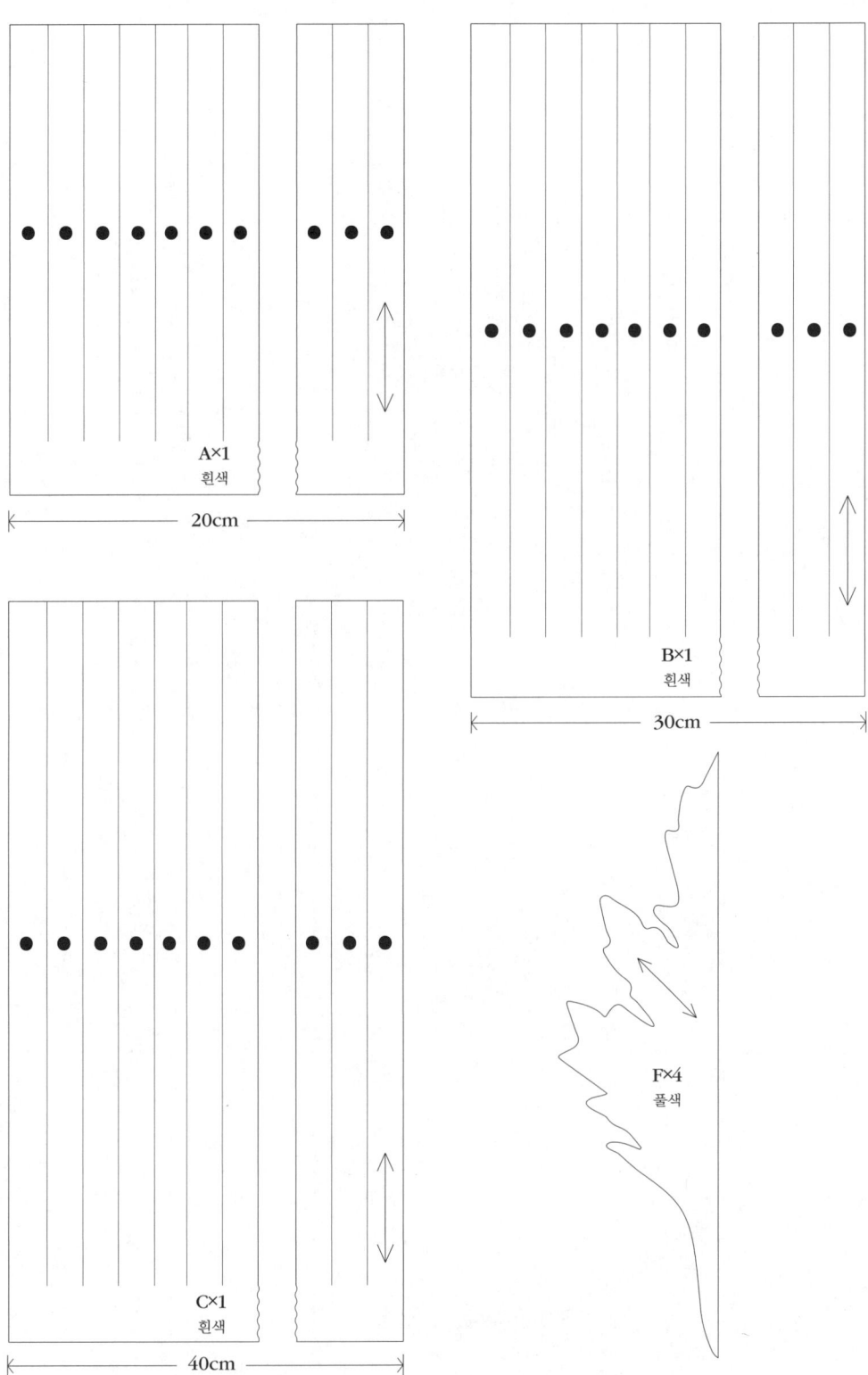

국화

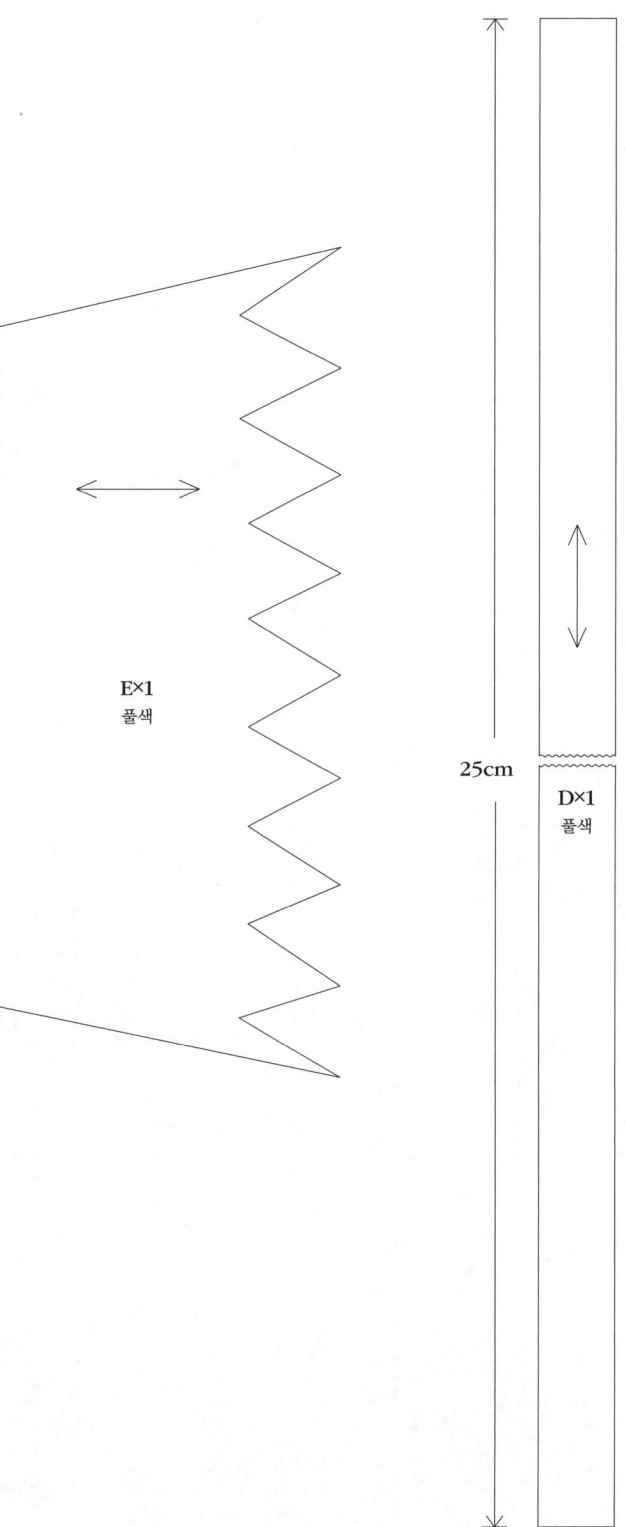

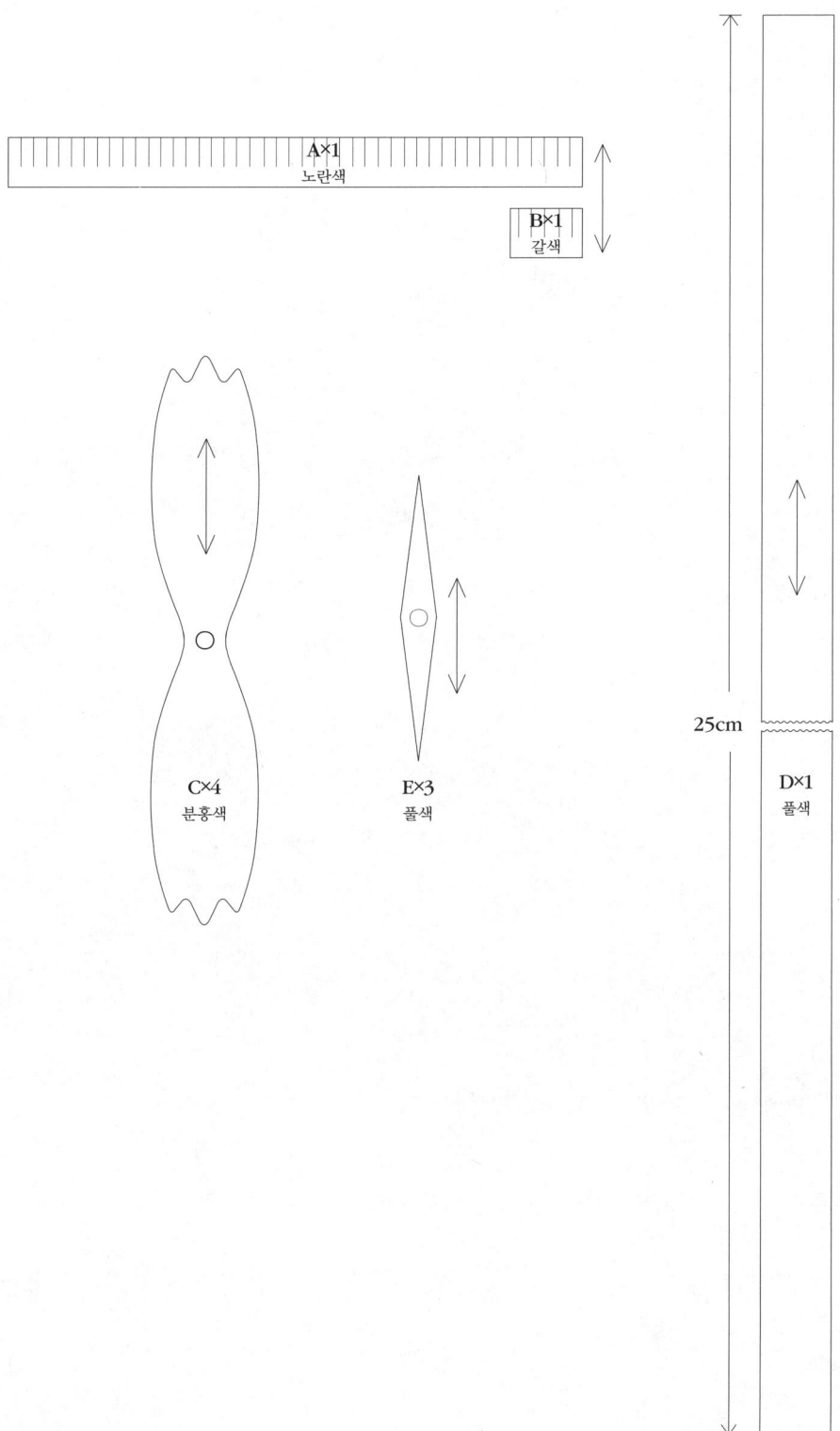

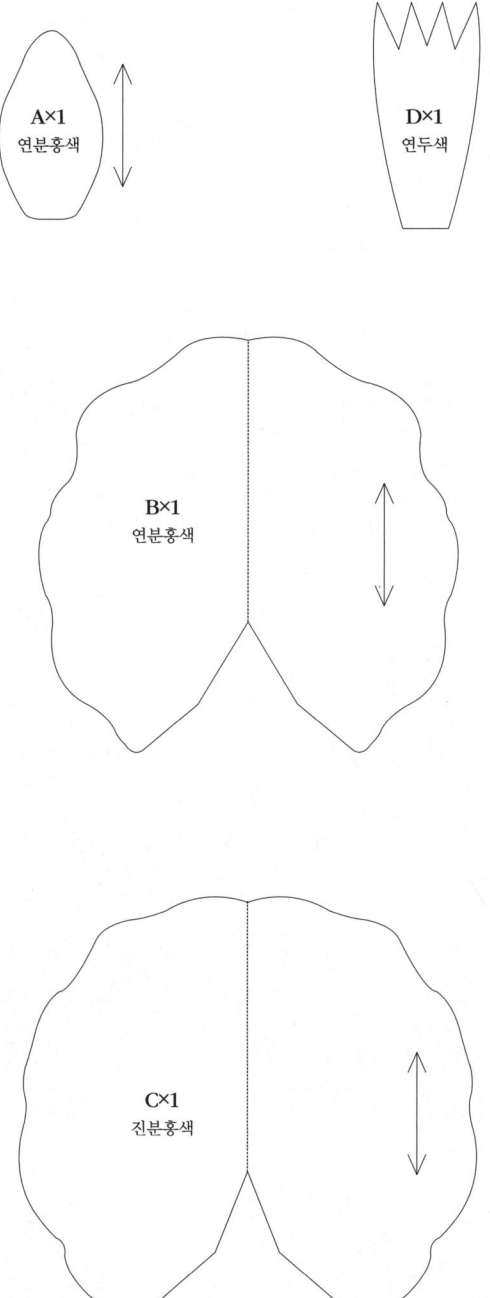

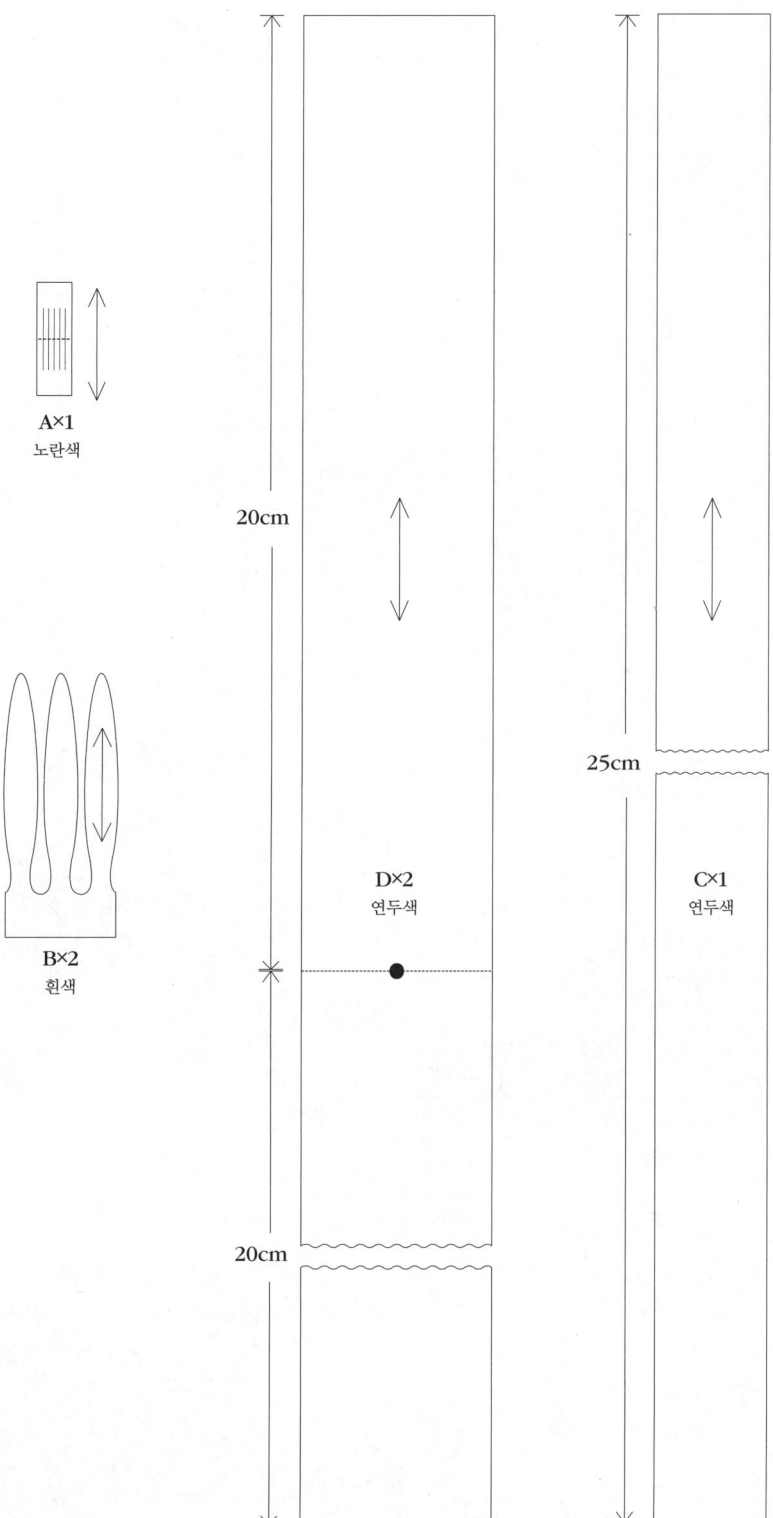

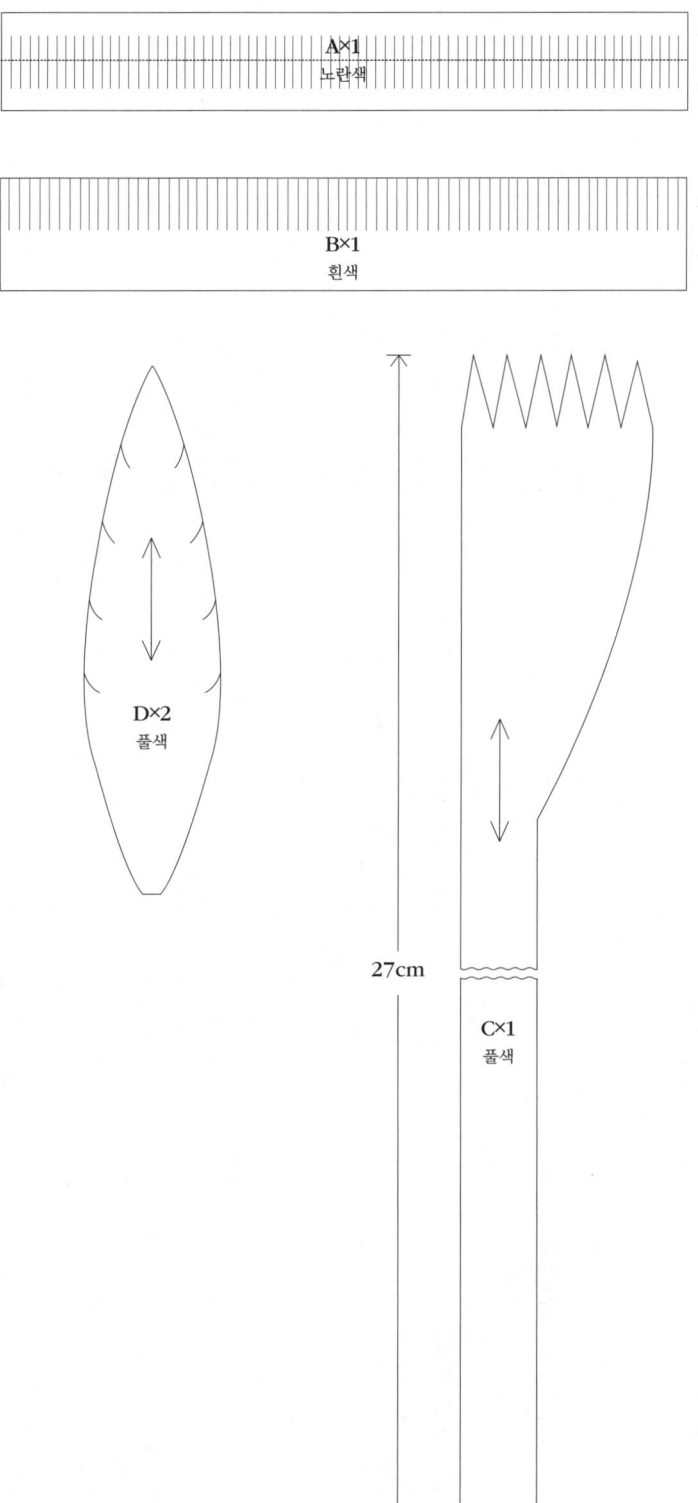

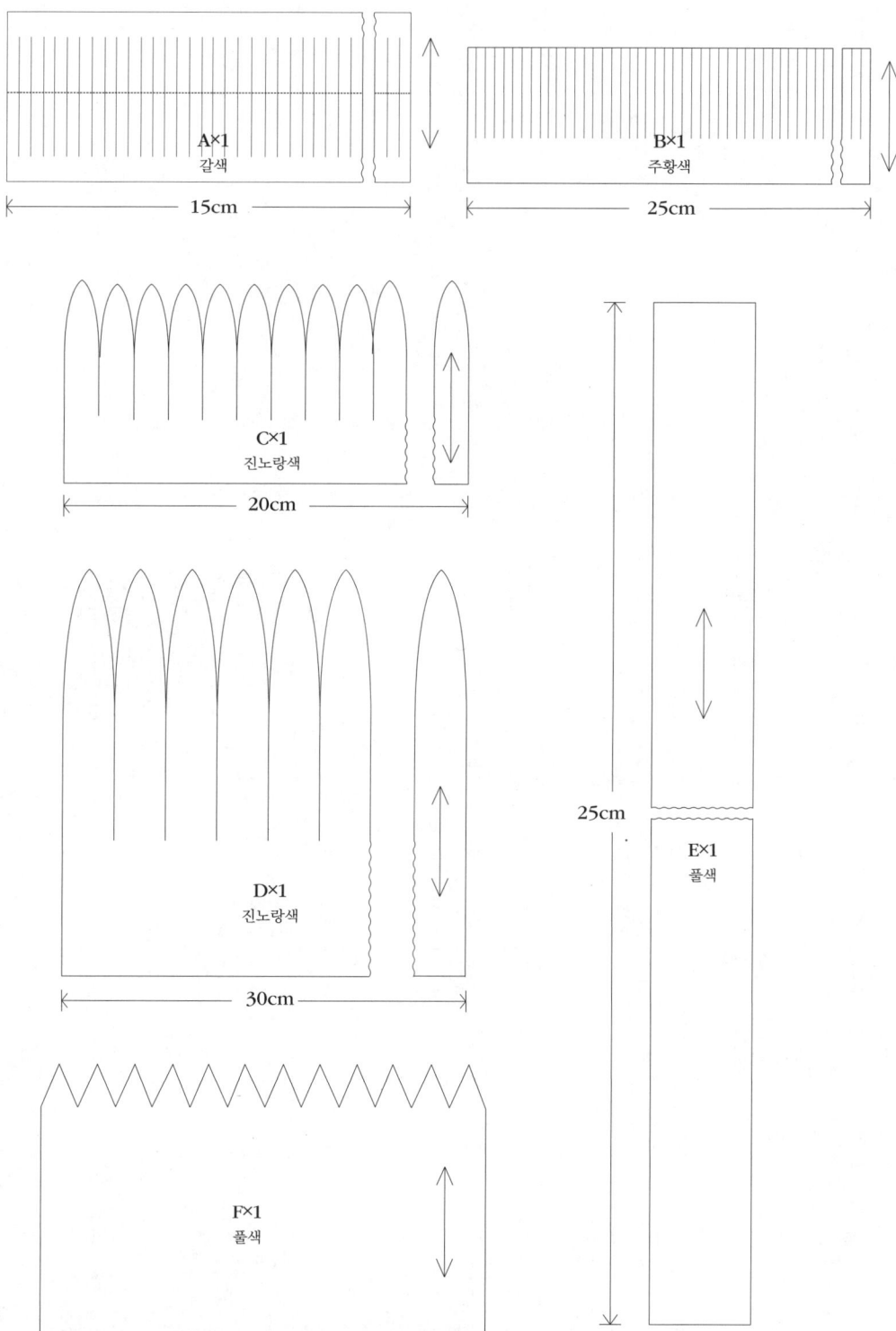

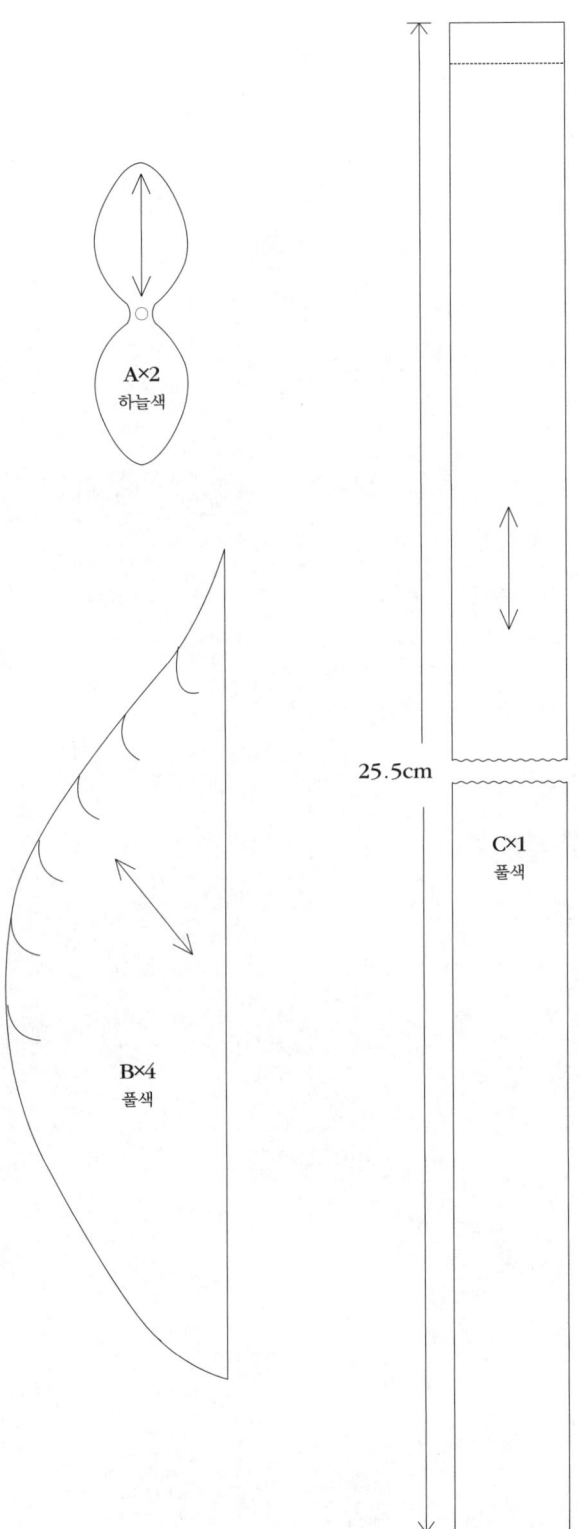

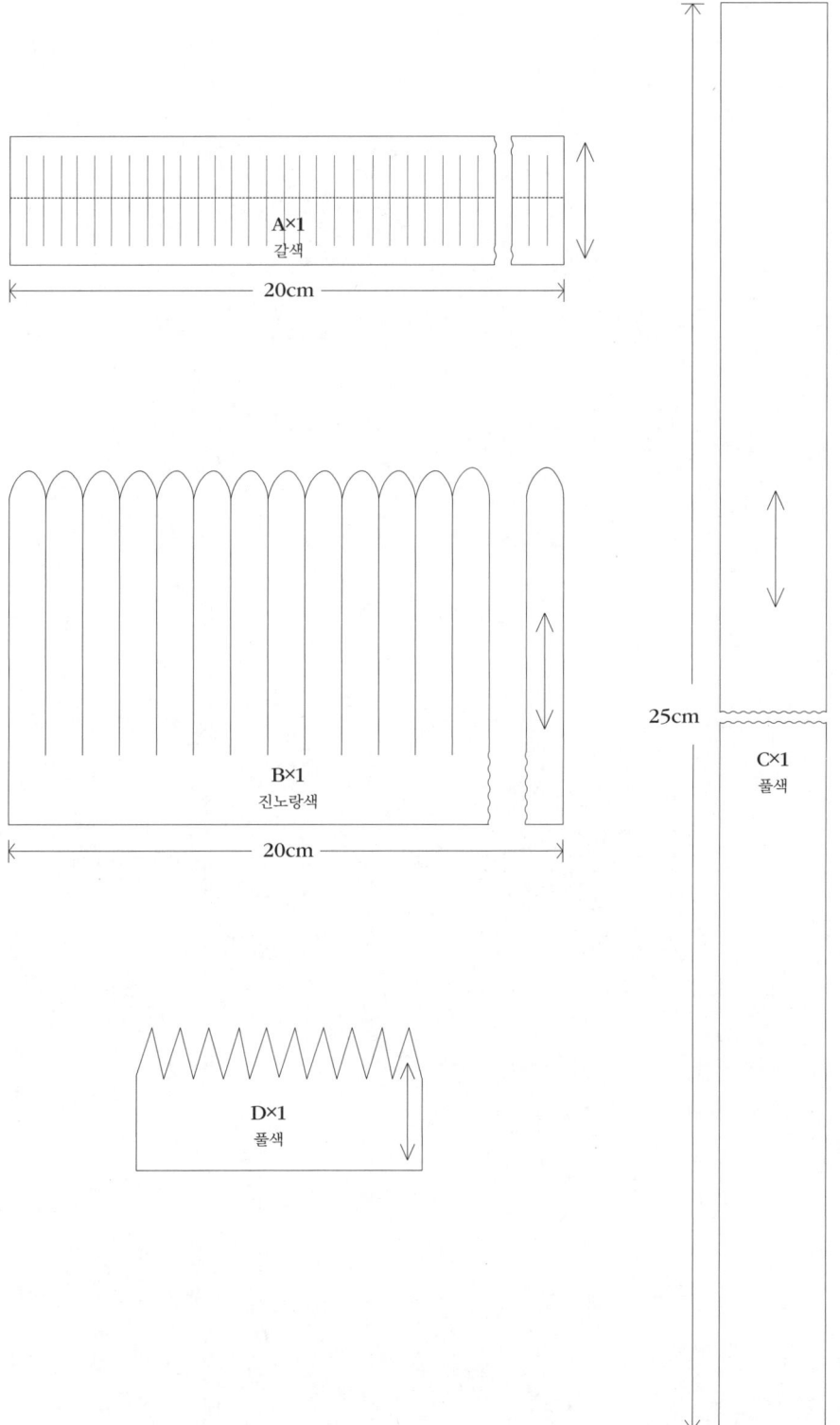